001ef Abb.: rh

Reise Know-How im Internet

Aktuelle Reisetipps und Neuigkeiten
Ergänzungen nach Redaktionsschluss
Büchershop und Sonderangebote
Weiterführende Links zu über 100 Ländern

http://www.reise-know-how.de/

Der
Reise Know-How Verlag
Peter Rump GmbH
ist Mitglied der Verlagsgruppe
Reise Know-How

Roland Hanewald

Essbare Früchte Asiens

„Prutas sa bahay, lakas sa buhay"
(Früchte im Haus, Kraft im Leben)
„Früchte geben Lebenskraft"
Philippinische Volksweisheit

Impressum

Roland Hanewald
Essbare Früchte Asiens
erschienen im
Reise Know-How Verlag Peter Rump GmbH
Osnabrücker Straße 79, 33649 Bielefeld

1. Auflage 2001

Gestaltung
Umschlag: G. Pawlak, P. Rump (Layout), K. Werner (Realisierung)
Inhalt: G. Pawlak (Layout), K. Werner (Realisierung)
Fotos: Siehe Bildnachweis Seite 127.

Lektorat
K. Werner

Druck und Bindung
Fuldaer Verlagsagentur

ISBN 3-89416-771-8
Printed in Germany

Dieses Buch ist erhältlich in jeder Buchhandlung der BRD, Österreichs und der Schweiz. Bitte informieren Sie Ihren Buchhändler über folgende Bezugsadressen:

BRD
Prolit GmbH, Postfach 9, 35461 Fernwald (Annerod)
sowie alle Barsortimente
Schweiz
AVA-buch 2000, Postfach 27, CH-8910 Affoltern
Österreich
Mohr Morawa Buchvertrieb GmbH
Sulzengasse 2, A-1230 Wien

Wer im Buchhandel trotzdem kein Glück hat, bekommt unsere Bücher direkt bei: **Rump Direktversand,** Heidekampstraße 18, D-49809 Lingen (Ems) oder über den Büchershop auf unserer Homepage: **www.reise-know-how.de**

Wir freuen uns über Kritik, Kommentare und Verbesserungsvorschläge.

Alle Informationen in diesem Buch sind vom Autor mit größter Sorgfalt gesammelt und vom Lektorat des Verlages gewissenhaft bearbeitet und überprüft worden.

Da inhaltliche und sachliche Fehler nicht ausgeschlossen werden können, erklärt der Verlag, dass alle Angaben im Sinne der Produkthaftung ohne Garantie erfolgen und dass Verlag wie Autor keinerlei Verantwortung und Haftung für inhaltliche und sachliche Fehler übernehmen.

Die Nennung von Firmen und ihren Produkten und ihre Reihenfolge sind als Beispiel ohne Wertung gegenüber anderen anzusehen.

002eftr Abb.: rh

Roland Hanewald
Essbare Früchte Asiens

Inhalt

Tropische Früchte – eine Einführung

Asiatische Früchte von A bis Z

Anhang

Vorwort

Früchte – sie sind die Gaben unserer guten Mutter Erde. Wir tun unserem Planeten keine Gewalt an, indem wir diese Geschenke verzehren. Wir lassen die Welt heil, töten nicht, schlagen keine Wunden. Im Gegenteil: Der Vorgang ist gewollt, er ist Teil eines ewigen Kreislaufs. Wir Menschen, die so vieles falsch machen, können hier nur richtig gehen.

Als Erstes sei klargestellt, dass es sich bei den „essbaren Früchten Asiens" dieses Buches um tropische Arten handelt, um Früchte, die keinen Winter kennen. Die in den kalten und gemäßigten Zonen des Kontinents existierenden Arten unterscheiden sich, falls überhaupt, wenig von den uns bekannten. Es besteht mithin keine Veranlassung, einen Apfel vorzustellen, nur weil er vielleicht aus einem japanischen Garten kommt, und dann auch noch ein ganzes Buch darüber zu schreiben.

Mit Tropenfrüchten hat es eine andere Bewandtnis. Viele, namentlich die asiatischen, sind hierzulande fast unbekannt. Und die Reisenden, die unterwegs auf sie stoßen, mögen auf Grund mangelnder Vertrautheit nichts mit ihnen anzufangen wissen. Womöglich hat man schon mal eine bestimmte exotische Sorte gekostet. Aber vielleicht befand sie sich gerade im falschen Reifestadium und schmeckte deshalb eklig oder löste sogar etwas Unersprießliches aus. Oder man blieb an einem üblen Latexsaft kleben, der einem den Genuss verleidete. Oder ... – es gibt noch viele weitere Gründe für einen Reinfall.

Vor dem potenziellen Flop soll dieses Buch bewahren. Aber es geht nicht nur darum, den Leser mit einem großen Teil der Tropenfrüchte Asiens bekannt zu machen und verschiedene vorteilhafte Wirkungen einer entsprechenden Diät zu propagieren. Nein – ich will im Rahmen der sich in den Industrieländern ausbreitenden Verunsicherung in Sachen vorgefertigter Ernährung auch an eine Philosophie heranführen, die eine ursprüngliche, natürliche Essweise zur Prämisse hat und in der tropische Früchte eine tragende Rolle spielen. Man bedenke auch: Früchte, vornehmlich tropische, sind nicht nur einfach Nahrung. Schon der Geruch regt an, die Farben erfreuen das Auge und vermitteln ein glückliches Gefühl. Und dann erst der Geschmack! Wenn man von Kennern tropischer Früchte immer wieder hört, sie hätten in ihren Genüssen „geschwelgt", so muss da wohl etwas Wahres dran sein ...

Bon appétit und gute Gesundheit!

Roland Hanewald

003ef Abb.: rh

Tropische Früchte – eine Einführung

Was sind Früchte?

Was überhaupt sind Früchte? Ist eine Tomate eine Frucht oder ein Gemüse? Um in ein Buch über Tropenfrüchte aufgenommen zu werden, müssen die in Frage kommenden Pflanzen offensichtlich erst einmal bestimmten Kriterien genügen.

Früchte im botanischen Sinn: *Streng botanisch handelt es sich bei Früchten um die (reifen) Fruchtknoten einer Blüte.*

Wenn man die streng ↗botanische Definition zugrunde legt, kommt man zu dem Ergebnis: Ja, auch die Tomate ist eine Frucht, sogar Oliven und Getreidekörner sind es.

Um insofern einige Eindeutigkeit zu bewahren, hält sich das Buch an **Früchte populären Verständnisses,** schließt Gemüse weit gehend aus und definiert auch dort nicht botanisch weiter, wo weitere Gruppierungen nur zu Verwirrung führen könnten: Bananen, Guaven und Zitrusfrüchte, sogar Wassermelonen, sind im wissenschaftlichen Sinn eigentlich „Beeren", obwohl der botanische Laie sich darunter etwas anderes, auf alle Fälle Kleineres vorstellt.

Solche **Beeren** im herkömmlichen Sinn gibt es in den Tropen ebenfalls, wenn auch weniger als in

005ef Abb.: kw

▶ *Große Beeren: Melonen im Straßenverkauf (Laos)*

kühleren Breiten. Bekannte Arten wie Blau-, Brom-, Erd-, Him-, Krähen- und Maulbeere sind in höheren Lagen vielerorts vertreten, oft mit mehreren Ab- oder Unterarten, und genauso gut zu essen wie hier – oder, weil zumeist weniger „belastet", weitaus besser. Da es sich aber nicht um spezifische „Tropenfrüchte" handelt, sind sie, wie bereits im Vorwort ausgeführt, in diesem Buch nicht aufgelistet, schon um dessen Rahmen nicht zu sprengen.

Wild oder kultiviert?

Leider muss man sich die Vorstellung abschminken, in den Tropen wüchse einem die leckerste Vegetation in den Mund oder man brauche nur den Arm nach ihr auszustrecken. Die nachstehend beschriebenen Früchte sind größtenteils **kultivierter Art** und dann muss man sie (sofern man sie nicht selbst anbaut) auf dem Markt kaufen – durchweg aber ein wenig kostenträchtiges Vergnügen.

Enttäuschend mag für manchen Leser vielleicht die geringe Anzahl wild wachsender Arten sein. Das hat damit zu tun, dass viele **tropische Wildfrüchte** alles andere als wohlschmeckend sind, dass sie sich gegen eine sichere Identifizierung sträuben (und giftig sein können), dass sie in den Kronen von Dschungelriesen überwiegend unerreichbar sind und dass andere Interessenten – Vögel, Affen, Insekten – dem Menschen die Ernte streitig machen. Aber eine Anzahl interessanter Wildpflanzen ist aufgeführt.

Auch gibt es des öfteren **verwilderte Kulturgewächse** – „runaways" –, um die Vorstellung vom Paradiesgarten durchaus wahr werden zu lassen. Darin wird der tropische Früchteschmaus dann zum Nulltarif serviert ...

Ökologische und wirtschaftliche Aspekte

Mit dem Begriff **Toxische Gesamtsituation** bezeichnen Fachleute die Vergiftung der Erde in ihrer Gesamtheit durch menschengemachte Substanzen. Er wird mit größter Selbstverständlichkeit verwendet, denn die meisten Menschen haben sich zur großen Genugtuung der Verursacher längst daran gewöhnt, dass ihre Umwelt mit Ölen, Giften und Gasen verpestet, unter Beton begraben, radioaktiv verstrahlt, bakteriell verseucht und genetisch manipuliert wird. Widerspruch regt sich allenfalls bei einigen wenigen, zumeist als „Spinner" diffamierten und wirtschaftlich machtlosen Ökobewussten. Der Rest hat noch weniger Macht und seufzt resigniert, man könne ja doch nichts tun.

Die in den Dörfern der von diesem Buch umfassten Region lebenden Menschen, viele Millionen von ihnen, sind in ihrer Mehrzahl so genannte Subsistenzler. Sie existieren in **Subsistenzwirtschaft,** leben also von dem, was sie für die eigene Familie anbauen, kennen kaum Überschüsse und sind an der toxischen Gesamtsituation der Erde mit keinen Beiträgen beteiligt.

Zu denen kommt es auf dem Lebensmittelsektor erst, wenn **Nahrung industriell produziert** wird. Das ist hierzulande bei fast allem, was wir essen, der Fall. Kaum jemand denkt sich etwas dabei, findet es ganz natürlich, wenn vollsynthetisch erzeugte, in Plastik verpackte, wie Maschinenteile bedruckte Nahrung auf dem Tisch steht. Gibt es Tote (durch BSE zum Beispiel), so wird das, eher verharmlosend, als „Skandal" empfunden, nicht als Katastrophe. Gehen tropische Plantagenarbeiter im Pestizidregen vor die Hunde, so ist das eben auch Teil der toxischen Gesamtsituation, mit der man leben muss, sofern man's noch kann.

Der **Kleinbauer** in den Tropen mit einem Mangobaum vor der Tür, ein paar Bananenstauden und Zitrusbüschen im Hintergarten (also keine Monokulturen) versprüht kein Agent Orange. Seine Fruchtarten gab es schon vor Tausenden von Jahren, ohne dass sie je chemisch manipuliert werden mussten. Unkraut wird gejätet und nicht „weggespritzt", der Dünger, falls überhaupt welcher, ist organisch. Der Bauer, zumeist vertreten durch die Gattin in der Markthalle oder im Tante-Emma-Laden, verkauft diese Produkte direkt an den Endverbraucher, um etwas Bargeld in die Tasche zu bekommen und weil er halt nicht fünfzig Bananen am Tag essen kann. Und ihm, nur ihm, sollte man auf Reisen die Käufergunst schenken, um diese „naturbelassene" Lebensart zu erhalten und zu fördern – und um selbst an ihr teilzuhaben. Man kann also doch etwas tun.

004ef Abb.: qp

◀ *Auf asiatischen Märkten stammen die Früchte direkt vom Erzeuger*

Heil- und Gesundheitswirkungen

Wo immer angebracht, wird nachstehend bei jeder einzelnen Frucht darauf hingewiesen, wie gut – oder auch nicht – sie für den Esser ist. Einige sind wahre **Naturapotheken,** einsetzbar gegen eine ganze Reihe menschlicher Leiden, Die meisten wirken vorbeugend auf gute Gesundheit hin. Sie sind auch potenter als hiesiges Obst, das wegen ausgelaugter Böden längst nicht mehr den Vitamin- und Nährstoffgehalt aufweist, den es vor lediglich einer menschlichen Generation noch besaß.

Obst, namentlich tropisches, wirkt auch als „Infarktbremse", womöglich wegen des in vielen Früchten enthaltenen **Kaliums.**

Fruchthormone helfen wahrscheinlich beim Abbau zellschädigender, krebsauslösender Zwischenprodukte, indem sie die körpereigene Hormonerzeugung stimulieren. Offenbar geschieht dies immer auf die „richtige" Art, denn sie erweisen sich stets als Heilsbringer – im Gegensatz zu künstlichen Hormonen, die mitunter mehr Schaden als Nutzen stiften.

Und dann die **Vitamine!** Sie sind bei den meisten nachstehenden Früchten detailliert aufgelistet. Doch die nackten Zahlen sollen nur eine Vorstellung der Durchschnittswerte geben, denn die „Vitaminkunde" ist keine exakte Wissenschaft. Zum einen bestehen manche Vitamine (die B-Gruppe zum Beispiel) aus ganzen Schwärmen unerforschter Einzelsubstanzen. Zum anderen unterscheidet sich der Vitamingehalt einer Frucht von einem Reifegrad zum nächsten und hängt auch wesentlich vom Umfeld der Pflanze und der Bodenbeschaffenheit ab. Außerdem sind die biologischen Vitamine und die chemischen Extrakte, die sich „Präparate" nennen und die unter dem Motto „Viel hilft viel" marktschreierisch als Gesundheit bringend angepriesen werden, mitnichten identisch.

Die Vitamine in der Pflanze sind komplex und sie stehen in enger Wechselbeziehung zu zahllosen, parallel existierenden Substanzen, namentlich so genannten **Flavonoiden,** deren Vorhandensein erst zu gesundheitlich günstigen Wirkungen führt und die zum großen Teil überhaupt noch nicht bekannt sind. Sie sorgen unter anderem für eine 20- bis 50fache Absorption der pflanzlichen Vitamine, allein wegen eines längeren Verbleibs im Blut. Das schaffen die synthetischen Monopräparate nicht, die, falls überhaupt, immer nur einen kleinen Teilbereich beeinflussen können. Einige stehen sogar im Verdacht der Schadensstiftung. Das Schlüsselwort bei der Pflanze ist daher „Ganzheitlichkeit" - sowohl in Bezug auf ihre Inhaltsstoffe als auch auf deren Wirkungen auf den menschlichen Organismus. Eine Pille ersetzt keine Frucht.

In vieler Hinsicht sind die tropischen Früchte „Designer Food", eine Art von Nahrung also, die groß im Kommen ist. Doch für das „Design" hat in diesem Fall kein Laborant gesorgt, sondern die unendlich viel weisere Mutter Natur.

Mit dem reichlichen Verzehr von Früchten kann man praktisch nur Gutes tun –falsch machen lässt sich kaum etwas.

Tipps zum Umgang mit Früchten

Bei den einzelnen Früchten soll dazu jeweils individueller Bezug genommen werden. Generell mögen folgende Punkte von Interesse sein:

Rujak-Paste zubereiten

Halbreife Früchte werden in Indonesien, namentlich auf Bali, gern mit einer Paste namens „Rujak" verzehrt, die man folgendermaßen zubereitet:

Einen kl. Würfel sera oder terasi (Shrimppaste) in der Pfanne erhitzen. Im Mörser mit einer Prise Seesalz, 4 EL Palmzucker, 1 EL Essig, 1 kl. Chilipfefferschote und 1 EL Tamarinden-Fruchtfleisch zerstoßen.

Die fertige Paste kann man als Dip benutzen oder über die zerstückelten Früchte gießen.

In Malaysia heißt die Paste „Balachan". Auf den Philippinen verwendet man eine ähnliche Shrimp- oder Fischpaste (bagoong; ginamos) ohne weitere Verarbeitung.

Beschleunigung des Reifevorgangs: Ganz generell kann man Früchte schneller reifen lassen, indem man sie in trockenem Reis vergräbt. Ein Reifegas absondernde Arten (s. u.) stecken auch andere Früchte an. Annonen werden alsbald weich, wenn man sie mit Kalk bestäubt. Bananen: siehe dort.

Früchte im Flugzeug: Im internationalen Flugverkehr kann man darauf hingewiesen werden, dass der Transport von Früchten nicht gestattet ist. Vorgeschoben wird zumeist eine Bestimmung des Einreiselandes. Der wahre Grund kann jedoch ein recht kurioser sein: Manche Früchte (Mangos, Kiwis u. a.) sondern das Reifegas Ethylen ab, welches die Rauchmelder in den Fliegern anspringen lässt. Mit einem Verbot will man häufigen Fehlalarmen zuvorkommen.

Milchsaft – wie man ihn entfernt: Die Schale vieler Tropenfrüchte enthält einen zähen Latexsaft, der beim Zerteilen an den Händen hartnäckig kleben bleibt und sich auch durch vieles Waschen und Scheuern nicht entfernen lässt. Nur Öl wird mit der Klebmasse fertig. Kokos-, Speise-, Sonnen-, Maschinenöl – alles funktioniert. Das Öl wäscht man danach mit Wasser und Seife ab.

Weiterverarbeitung: Fast alle nachstehend verzeichneten Früchte schmecken am besten „aus der Hand" oder allenfalls als Bestandteile von Fruchtsalaten. Grundsätzlich zerstört Erhitzen die wertvollsten Elemente der Frucht. Der Text führt deshalb relativ wenige weiterverarbeitende Rezepturen auf und verzichtet auch auf „Bowlen" und andere alkoholische Mixturen, die der Güte der verwendeten Früchte nur abträglich sind.

Kompott im Meerwasser

Probieren Sie, Früchte wie Ananas, Karambole, Mango u. a. beim Baden in (sauberem) Meerwasser zu verzehren. Dies ist nicht nur gesund, sondern auch lecker.

Salzen: Tropenbewohner essen saure Früchte mit Salz. Das mutet zuerst seltsam an, hat aber einen guten Grund. Durch das Salz wird die Säure neutralisiert und die Frucht schmeckt süßer. (Man kann eine saure Frucht natürlich auch süßen. Dafür ist jedoch jede Menge Zucker erforderlich. Zu wenig Zucker hebt die Säure nur hervor - die versüßte Frucht wird paradoxerweise noch saurer.)

„Eisenverfügbarkeit": Der menschliche Organismus ist auf das Element Eisen, besonders zur Blutbildung, dringend angewiesen; Frauen benötigen mehr als Männer. Zwar befindet es sich in einem weiten Spektrum der Nahrung, dennoch sind viele Menschen mit Eisen unterversorgt. Das liegt an einer schlechten so genannten Bioverfügbarkeit des Elements, d. h. bei der falschen Zusammensetzung einer Mahlzeit wird nur wenig Eisen vom Darm resorbiert. Besonders wirksame Abhilfe schafft insofern Vitamin C. Wenn das Essen oft von Früchten begleitet wird, ist eine ausreichende biologische Eisenaufnahme stets gewährleistet. Schon ein paar Spritzer Zitrone auf dem Fleisch oder Fisch machen einen Beitrag - außerdem helfen die Enzyme der Frucht bei der Fettverbrennung.

Vitamin A wird gewöhnlich in „Internationalen Einheiten" (I.E.) à 1,5 mg angegeben.

006ef Abb.: gu

▶ *Javaäpfel zu verkaufen (Indonesien)*

Asiatische Früchte
von A bis Z

007ef Abb.: rh

Ananas

ANANAS COMOSUS

Die Ananas gilt als **Königin der Tropenfrüchte** – nein, aller Früchte überhaupt.

Ihre **Urheimat** liegt im brasilianischen Mato Grosso, wo immer noch kleine Wildformen zu finden sind. Bereits gegen Ende des 16. Jahrhunderts war sie in den meisten Teilen der tropischen Welt eingebürgert. Im asiatischen Raum ist sie heute vor allem in Thailand (weltgrößter Exporteur), Vietnam, Malaysia und auf den Philippinen **verbreitet.**

Von den Philippinen (Mindanao) kam auch die größte jemals geerntete Frucht von 7,96 kg **Gewicht.** Ein bis zwei Kilo sind jedoch die Norm. So genannte Babyananas sind noch kleiner, aber sehr schmackhaft.

Genau genommen, setzt sich eine Ananas aus bis zu 100–200 **„Augen“** genannten, individuellen Früchten zusammen. Bei der jungen Pflanze ist jede einzelne davon als kleine, schillernd blaue Blüte auf rotem Untergrund präsent. In diesem Stadium gibt die Ananas mithin eine höchst attraktive Zierpflanze ab, deren wahrer Nutzen sich jedoch erst erweist, wenn die Frucht entsteht.

In der freien Natur werden Ananas durch Kolibris **befruchtet,** weil nur die ihre langen Schnäbel in die Blütenkelche tauchen können. Als die Frucht um 1900 auf den hawaiischen Inseln propagiert wurde, rotteten die Amerikaner unter dem Anführer James Dole dort die Minivögel aus, aus Sorge, das Samengut könne auch außerhalb der industriellen Plantagen Fuß fassen und den Monopolstatus schwächen.

Seither wird die **Vermehrung der Pflanze** durch Schösslinge betrieben, eine nüchterne Praxis, die sich weltweit durchgesetzt hat. Sie lässt Bedauern für die Kolibris empfinden und gibt schon mal eine Vorstellung von großindustriellen Methoden in der Land-

Die richtige Reife

Wer in eine nicht ganz reife Ananas beißt, erlebt im Wortsinn eine herbe Enttäuschung. Die Bestimmung des korrekten Reifegrades ist bei der Ananas deshalb ganz besonders wichtig.

- *Eine durchgängig goldgelbe* ***Färbung*** *des Fruchtkörpers weist nicht unbedingt auf Verzehrbereitschaft hin. Auch eine grüne Ananas kann bereits gut reif sein. Erkennbar ist dies an einem intensiven* ***Fruchtaroma,*** *das sich am stärksten am Stielansatz wahrnehmen lässt.*
- *Außerdem sagt man: „Wenn die Augen offen sind, ist die Frucht reif.“ Bei den* ***„Augen“*** *handelt es sich, wie eben beschrieben, um die einzelnen Segmente, die an der Oberfläche der Frucht jeweils von einer kleinen Schuppe bedeckt sind. Diese springt bei Reife ein wenig vor und „öffnet das Auge“. Die alleinige Verfärbung der Schuppe ins Bräunliche ist auch schon ein Reifezeichen, selbst wenn die Frucht ansonsten noch grün ist.*

wirtschaft, ganz zu schweigen von den Schädlingsbekämpfungen und Hormonbehandlungen, die später einsetzten.

Die dicht am Boden **wachsende Pflanze** braucht je nach Sorte 1–2 Jahre, bis die erwähnte Blütenähre entsteht. Vier weitere Monate sind für die Entwicklung der Frucht nötig. Und dann kommt alles auf die richtige Reife an ...

Ananas schälen

Um eine Ananas ökonomisch zu schälen, trimme man zunächst den „Schopf" so zurecht, dass noch ein Stiel als Griff verbleibt. Mit einem scharfen Messer schäle man nunmehr von oben nach unten senkrechte Streifen dünn ab, bis die Frucht „nackt" ist. Dies sollte auf einem Teller geschehen, damit kein Saft verloren geht. Um die Augen zu entfernen, deren schwarze Fruchtstempel eine Reizwirkung auf die Kehle ausüben, beginne man oben mit einer flachen Kerbe und arbeite sich in einer einzigen Spirale bis unten durch. Darauf lässt sich die sehr appetitlich aussehende Frucht direkt „vom Stiel" verzehren. Oder man schneidet den Stiel jetzt ab und zerteilt die Frucht in Scheiben oder senkrechte Segmente. Das zumeist holzige Mittelstück wird herausgetrennt.

Ananas als Medizin

100 g Ananas-Fruchtfleisch enthalten über 150 mg **Kalium,** das die menschliche Körpertemperatur günstig regelt, sowie 16 mg **Kalzium,** 17 mg **Magnesium** und 9 mg **Phosphor.**

Außerdem sind die **Vitamine** A und C reichlich vertreten, in etwas geringerem Maße auch die ersten drei der B-Gruppe (in Dosenfrüchten gehen C und B weitgehend verloren). Das allein schon macht die (frische) Ananas zu einer „Gesundheitsbombe".

Wichtiger noch ist das in ihr enthaltene **Enzym Bromelain,** ein wahrer Wunderstoff. Bromelain fördert die Verdauung, räumt mit überschüssiger Magensäure auf, senkt hohen Blutdruck und reinigt anscheinend sogar Gefäßwände. Dadurch wird dem Herzinfarkt, der Entstehung von Thrombosen und potenziellen Schlaganfällen vorgebeugt. Außerdem wirkt Bromelain fiebersenkend, fördert die Wundheilung, bekämpft Entzündungen (bei wundem Hals Ananas essen!) und Ödeme, unterstützt die Funktion der Bauchspeicheldrüse, aktiviert das Immunsystem und beugt Hautproblemen und Allergien vor.

Ein weiteres Ananas-Enzym, **Peroxidase,** hemmt in Gemeinschaft mit Bromelain womöglich sogar das Wachstum von Krebstumorzellen, indem es deren Immunabschirmung (Maskierung) öffnet und sie für die körpereigene Abwehr angreifbar macht. Alles in allem: Eine ganz schöne Bilanz für eine so bescheiden erscheinende Pflanze.

Ananas sollte grundsätzlich gut gereift verzehrt werden. Junge, **unreife Früchte** enthalten eine stark abführend wirkende, giftige Substanz. In der Volksmedizin einiger asiatischer Länder werden grüne Ananas als Wurmmittel eingesetzt. Andererseits: In Indonesien stehen sie auf dem Speiseplan – am besten guckt man dortigen Köchen über die Schulter.

Kochen mit Ananas

Reife Ananas, dem Gericht nur in der letzten Kochphase beigegeben, passen zu allen möglichen **Fisch-, Fleisch- und Geflügelrezepten,** bei denen eine süßsaure Note erwünscht ist.

008ef Abb.: rh

▲ *Junge Ananas-Pflanze*

Ananas aufbewahren
Ananas bewahrt man kühl und trocken auf, keinesfalls aber im Kühlschrank, wo sie alsbald verderben. Zurechtgeschnittene Stücke dürfen dort aber kurzfristig gelagert werden, damit man sie kühl servieren kann.

Gesalzene Ananas
Salz mindert die Fruchtsäure (siehe „Einführung“). Thais essen Ananas auch gern mit etwas Zucker und Chilipfeffer.

009ef Abb.: rh

Avocado

PERSEA AMERICANA

Die tropenweit verbreitete birnenförmige Baumfrucht gedeiht auch in den Subtropen. Sie ist zum Beispiel eine wichtige Anbaupflanze in Israel. Avocados **stammen** aus Mittelamerika. Sie wurden dort schon vor 8000 Jahren kultiviert. Die Spanier brachten die Pflanze nach Europa, später gelangte sie **in alle warmen Länder.**

Es handelt sich um einen 5-10 m hohen **Baum** mit großen, blaugrünen Blättern. Die birnenförmigen, bis zu 2 kg schweren, glatten bis leicht genarbten

Früchte werden gegen Reife dunkelgrün bis fast schwarz und können nach dem Pflücken noch ein paar Tage nachreifen. (Völlig unreif importierte Avocados nehmen dieses Stadium nur unvollständig an, werden nie gänzlich weich und schmecken nicht.)

Die Frucht um den dicken, harten (nicht essbaren) Kern herum der Länge nach aufschneiden und das grüne, sahnige **Fruchtfleisch** herauslöffeln. Es ist reich an Vitamin A und Vitaminen der B-Gruppe, ungesättigten Fettsäuren (20 %), einigem Kalzium, Eisen und Phosphor, hat wenig Eigengeschmack, passt sich aber den verschiedensten Kombinationen bereitwillig an.

Reife Avocado lässt sich wie Butter als **Brotaufstrich** verwenden. Israelis legen Avocado- und Tomatenscheiben einfach aufs Brot und streuen Salz und Pfeffer darüber. Oder sie mischen das Fruchtfleisch in alle möglichen **Salate,** die dadurch saftiger und gehaltvoller werden. Exzellent, aber weltweit wenig bekannt ist auch **Avocadopüree** mit Kondensmilch und etwas Zucker oder Honig. Das Fruchtfleisch wird sogar als Aphrodisiakum betrachtet – wahrscheinlich weil es so sämig ist. Als nützlicher erweist sich Avocado aber allemal bei chronischer Verstopfung.

Die richtige Reife

Die Frucht ist zum Verzehr geeignet, wenn sich die ledrige Schale unter Daumendruck leicht eindellen lässt.

Avocados nicht erhitzen

Avocados darf man weder stark erhitzen noch einfrieren. Sie nehmen dann einen bitteren Geschmack an.

Avocados aufbewahren

Im Kühlschrank halten sich reife Avocados ungeöffnet mehrere Tage.

Farbe erhalten

Verfärbungen des Fruchtfleisches kann man mit Zitronensaft zu einem gewissen Maß begegnen.

Vorsicht Flecken!

Den Samenkern sollte man nicht mit Textilien in Berührung bringen. Der daran befindliche Saft führt zu kaum entfernbaren Flecken.

010ef Abb.: rh

Balsamapfel

MOMORDICA CHARANTIA

Die unter verschiedenen Namen (Balsambirne, Bitterkürbis, Koloquinte u. a.) tropenweit vertretene **Pflanze** wächst örtlich wild in großen Dickichten und wird ebenfalls angebaut. Sowohl die Früchte als auch das Blattgrün beider Varietäten sind essbar.

Die **Frucht** ähnelt einer runzligen Gurke, ist bei der wilden Art 2–4 und bei der kultivierten 15–25 cm lang. Sie wird bei Reife orangerot, kann aber schon grün als Gemüse verzehrt werden. Auf den Philippinen wird sie gern zu Fleisch- und Shrimpsgerichten gegessen, in Indien mit Currys. Die **Blätter** werden Eintöpfen, z. B. von Mungbohnen, zugefügt.

Alle Pflanzenteile schmecken **bitter,** was Europäer zumeist abschreckt, in Asien aber vielerorts als angenehm anregend empfunden wird. Durchaus zu Recht.

Die Blätter (die Früchte etwas weniger) enthalten reichlich Eisen, Kalzium und Phosphor und gelten als exzellente Quellen von B-Vitaminen. In der ganzen tropischen Welt werden der Pflanze überdies **Heilwirkungen** zugeschrieben, darunter gegen Diabetes, Anämie (Blutarmut) und Pilzerkrankungen. Die Samen sollen sogar „das männliche Prinzip" begünstigen. Mal experimentieren – falsch machen kann man nichts.

Ein philippinisches Rezept

Die Frucht in 5 mm dicke Scheiben schneiden, zusammen mit Perlzwiebeln, Knoblauch und Ingwerstückchen in ein Glas füllen, mit abgekochtem Essig übergießen – fertig. Nach zwei bis drei Tagen ist Atsarang Ampalaya verzehrbereit und passt gut zu Reis- und Fischgerichten. Bitter ist der balsamische Apfel aber auch in dieser Verarbeitungsform immer noch …

Banane

MUSA PARADISIACA

Die Banane stammt aus dem tropischen Asien und ist heute in großer Artenvielfalt **überall in den Tropen und Subtropen** zu finden. Sie gilt als eine der besten und vielseitigsten Früchte der warmen Zonen. Wahrscheinlich existierte sie schon vor Tausenden von Jahren wild wachsend im südostasiatischen Raum und diente den dortigen Frühmenschen als Grundnahrung. Araber, Portugiesen und Spanier verbreiteten die Banane global weiter.

In **Deutschland** gibt es die krummen Dinger erst seit etwa 100 Jahren. Es handelt sich fast ausschließlich um Plantagenprodukte, die weniger auf Wohlgeschmack als auf Haltbarkeit und Transportfähigkeit gezüchtet sind. Von den zahlreichen, sich geschmacklich stark unterscheidenden lokalen Arten bekommt der hiesige, auf die industriellen Normbananen geeichte

Die richtige Reife

Am besten (süßesten) sind sattgelbe Früchte, deren Schale bereits einige schwarze Flecken angenommen hat.

Konsument nichts mit. Die ganze Palette tut sich erst auf Reisen auf und insofern ist das tropische Asien in der Tat die beste Adresse.

Woher stammt der Name?
Mit Sicherheit stammt unser Wort „Banane" vom arabischen „banan", Finger oder Zehe. In der Fachsprache wird eine Einzelfrucht immer noch „Finger" genannt und eine Reihe von ihnen eine „Hand". Manche Arten in Tropenländern tragen diesen Namen ebenfalls, so die „Häuptlingsfinger", eine besonders kleine Sorte auf den Philippinen. Auch der lateinische Begriff „Musa" dürfte arabischen Ursprungs sein und sich unmittelbar auf die Pflanze beziehen.

Bananen haben einen hohen **Nährwert.** Der Anteil an Kohlenhydraten beträgt bei fast allen Varietäten über 20 Prozent, fast wie bei Kartoffeln. Noch höher ist er bei den Gemüsebananen (s. u.), die man nicht roh essen kann, sondern kochen oder braten muss.

Trotz des hohen Stärkegehalts lassen sich Bananen **leicht verdauen,** was sie u. a. ideal für Baby- und Diabetikernahrung (für diese vor allem so genannte Apfelbananen) und für Leber- bzw. Magen/Darm-Schonkost macht. Die Frucht enthält zudem in reichem Maße die **Mineralien** Eisen, Jod, Kupfer, Mangan, Phosphor und Zink sowie die **Vitamine** A, B1, B2, B6 und C.

Druckempfindliche Bananen
Bananen, auch unreife, reagieren sehr empfindlich auf Druck. Angedellte Bananen verrotten rasch. Wer eine Staude umhackt, muss deshalb darauf achten, das Fruchtbüschel aufzufangen, damit es nicht auf den Boden knallt - eine gar nicht so leicht zu lernende Praxis.

Die 4–10 m hohe Pflanze ist, obwohl es den Anschein hat, kein „Baum", sondern eine **Staude.** Wenn man's botanisch genau nimmt, handelt es sich sogar um eine Grasart, die größte von allen. Die Verbreitung erfolgt über den Wurzelstock („Rhizom"). Eine erntefähige Staude wird einfach umgehackt (wozu in der Norm ein einziger Machetenschlag genügt) und aus dem Strunk („falscher Stamm") entsteht dann eine neue Pflanze. Theoretisch ist die Banane damit im Grunde unsterblich, zumal man

▲ *Bananenbüschel mit Blüte*

die alte Staude meistens liegen lässt, um die neue zu düngen.

Der **Fruchtstand** der Banane wird in seiner Gesamtheit ein „Büschel" genannt. Es besteht aus 25 bis 70 Einzelfrüchten und bringt ganz schön Kilos auf die Waage.

Grundsätzlich werden Bananen grün **geerntet.** Lässt man sie an der Staude reifen, werden sie mehlig und alsbald geht ihnen jegliche Fruchtqualität verloren. Die Wahl des richtigen Zeitpunkts („volle Entwicklung bei 75 % Reife") und der korrekten **Nachreifung** kompletter Büschel überlasse man den Fachleuten; sie ist eine Kunst für sich. Auf tropischen Märkten angebotene Bananen sind dagegen sofort verzehrbereit oder werden es nach ein, zwei Tagen.

Bananen nachreifen lassen

Bananen müssen bei Zimmertemperatur nachreifen. Im Kühlschrank vergammeln sie. Gemüsebananen halten sich ein paar Tage länger als andere.
Über Nacht in Seewasser gelegte grüne Bananen reifen doppelt so schnell nach wie unbehandelte.

Reife Bananen schmecken auch prima in Fruchtsalaten, Milkshakes und Eiskrem („Banana Split") oder in Butter gebraten.

Bei Bananen von der Marktfrau handelt es sich (fast) immer um Früchte aus eigenem, d. h. **biologischem Anbau,** die, wie vorerwähnt, nichts zur „toxischen Gesamtsituation" beitragen. Gerade bei industriell angebauten Bananen wird in erschreckendem Maß mit schwer giftiger Chemie hantiert.

Sind Bananen sexuell stimulierend?
Wie so vielem von länglicher, harter Form wird auch Bananen ein sexuell stimulierender Effekt zugeschrieben. An der Form liegt's aber ganz bestimmt nicht, wenn es nach einer Bananenkur gut klappt. Eher schon wäre dann auf das in der Frucht enthaltene Element Zink zu tippen, das direkt auf den Sexualapparat wirkt. Vielleicht ist also doch was dran ...?

Gemüsebananen

Im Gegensatz zu den Obstbananen lassen sich diese Sorten nicht roh essen, jedenfalls nicht alle, und nicht mit Genuss. Die so genannte Rote Banane wird einfach (mit der Schale) **in Wasser gekocht** und heiß verspeist. Andere, zumeist flache Arten werden bei Reife geschält, der Länge nach halbiert oder gedrittelt und **in Speiseöl gebraten.** Dies ist die wohl schmackhafteste Zubereitungsart. (Ein herber Käse passt ausgezeichnet dazu.) Man kann diese Sorten auch mit einigem Gewinn in Eintöpfen (ungeschält) wie Kartoffeln mitkochen. Mancherorts werden die gekochten Bananen mit einer salzigen Shrimp- oder Fischpaste verzehrt, was die meisten Europäer allerdings nicht vom Hocker reißt.

Auch die Blüte kann man essen

Die (männliche) Blüte der Bananenpflanze wird in vielen Sprachen das **„Herz"** genannt. Es handelt sich um ein großes (bis 0,5 m), fleischiges, längliches, purpurfarbiges Gebilde, das seinen Befruchtungsdienst erfüllt hat, wenn die Pflanze bereits Früchte trägt, und dann geerntet werden kann.

Auf den Philippinen wird es wie folgt **zubereitet:** Äußere harte Blätter entfernen, den Kern in feine, 1 mm dünne Scheiben schneiden und mit Salz durchkneten, bis kein Saft mehr kommt. Spülen. 1 EL Öl in der Pfanne erhitzen, 2 Zehen Knoblauch und ½ Zwiebel anbraten. 2 EL Essig, Bananenherz, etwas Braunzucker, Salz und Pfeffer zufügen und das Ganze schonend aufkochen.

Vorsicht bei „Steinbananen"!

Sie enthalten zahlreiche steinharte Kerne, und wer lustvoll in die Frucht beißt, muss anschließend unter Umständen zum Zahnarzt.

Und die Blätter?

Das riesige Blattwerk der Bananenpflanze erfüllt ebenfalls diverse Zwecke. Essen kann man es zwar nicht. Doch es gibt einen prächtigen **Sonnen- und Regenschirm** ab, man kann Nahrung darin präparieren und **einwickeln** und es lässt sich als höchst appetitliches **Einweggeschirr** verwenden. Eines nur: Wer kein Messer dabei hat, braucht gar nicht erst zu versuchen, das Blatt vom Stiel zu zerren, denn dieser ist extrem zäh.

Bananenblätter dienen in einigen Ländern Südasiens als leicht beschaffbares und zudem hygienisches **Verpackungsmaterial.** Um sie biegsam zu machen und Brüchigkeit zu vermeiden, passiere man sie über eine offene Flamme oder plätte sie kurz mit dem Bügeleisen.

Bananen nicht mit Apfelsinen mischen!

Nach israelischen Angaben sollte man Bananen in Fruchtsalaten nicht mit Apfelsinen mischen, weil dann 75-80 % Vitamin C verloren gehen.

012ef Abb.: rh

Bilimbi

AVERRHOA BILIMBI

Der in ganz Südostasien verbreitete kleine **„Gurkenbaum“** (so eine deutsche Bezeichnung) bildet voluminöse Trauben länglicher Früchte, die auch bei Reife grün bleiben.

Die **Früchte** enthalten (wie auch Rhabarber) viel Oxalsäure und sind sehr sauer. Sie werden deshalb nicht wie Obst verzehrt (obwohl Kinder gern an ihnen lutschen), sondern als **saurer Bestandteil vieler Gerichte** verwendet. Sehr beliebt sind sie vielerorts als Beigabe zu Pickles und Currys sowie zu säuerlichen Fisch- und Gemüsesuppen. In Indonesien werden sie auch mit viel

Vorsicht! Oxalsäure!

Oxalsäure ist ungünstig für Herz-, Nieren- und Rheumakranke. Personen mit diesen Erkrankungen sollten Bilimbis nicht essen.

Zucker zu einer Süßigkeit namens Manisan verkocht und dann als Konfekt getrocknet.

Die gesamte Frucht ist verzehrbar. Ihre **Verwendbarkeit** hängt von der Größe ab. Voll entwickelte Exemplare sind 6–8 cm lang, fast glasig-grün transparent und angenehm knackig. Gänzlich gereifte Früchte werden weich und nehmen dann einen unangenehmen faulen Geschmack an.

013ef Abb.: fl

Breiapfel

MANILKARA ZAPOTA

Der bis 15 m hohe Baum stammt aus Mexiko und seine **Namen** ebenfalls: Chico, Kaugummibaum, Sapodilla, Westindische Mispel. **Chico,** in diversen lokalen Varianten, ist auch der in Asien vielfach gebräuchliche Name. Er geht zurück auf das aztekische Chicl (= Kaugummi), das der Baum absondert und das schon im vorkolumbischen Mittelamerika fleißig gekaut wurde. Dass chico gleichzeitig auf spanisch „klein“ heißt, ist vielleicht kein Zufall. Die **Frucht** ähnelt einer kleinen, braunen Kartoffel (kann aber bis zu 1 kg Gewicht annehmen) und ändert auch bei zunehmender Reife kaum ihre Farbe. Allenfalls nimmt das Braun eine leichte goldene Tönung an.

Innen zeigt sich ein bräunliches **Fruchtfleisch** mit schwarzen, harten Samenkernen. Am besten löffelt man es aus der (nicht essbaren) Schale heraus. Die Kerne lassen sich bei der reifen Frucht leicht aussondern. Das Fruchtfleisch ist von fester Konsistenz mit wenig Saft, schmeckt angenehm süß (wie brauner Rohrzucker oder Melasse) und erweckt im Esser den Wunsch nach mehr, vorausgesetzt, dass der Breiapfel seinem Namen auch Ehre macht.

Unreife Exemplare sind wegen eines hohen Anteils an Gerbsäure nämlich sehr herb und haben einen hohen Latexgehalt – der bewusste Kaugummi.

In der reifen Frucht sind oft noch gehärtete weiße **Latexspuren** vorhanden, die sich ohne weiteres mitessen lassen. Etwas klebriger Milchsaft bleibt allerdings immer an den Lippen hängen. Zum Entfernen siehe „Einführung“, Kapitel „Tipps zum Umgang mit Früchten“.

Die richtige Reife

Bei Essbarkeit gibt Chico einem leichten Fingerdruck nach. In der Regel lässt man die Frucht einen Tag oder zwei bei Zimmertemperatur nachreifen. Man kann sie dann zwischen Daumen und Zeigefinger in zwei vertikale Hälften aufdrücken.

Gekühlt genießen

Gekühlt schmecken Breiäpfel besonders gut. Ein bis zwei Tage halten sich reife Früchte allemal im Kühlschrank. Sehr weiche Exemplare beginnen jedoch bald zu gären und haben dann einen widerlich sauren und alkoholischen Beigeschmack.

014ef Abb.: rh

Brotfrucht

ARTOCARPUS COMMUNIS

Die Brotfrucht ist ein pazifisches Gewächs. Bei uns ist sie allenfalls in Verbindung mit der Meuterei auf der **„Bounty“** bekannt. Damals sollten Brotfruchtpflänzlinge von Tahiti in die Karibik verbracht werden, um die dortigen schwarzen Plantagenarbeiter billig zu verpflegen. Das Projekt ging bekanntlich in die Hosen, doch die zweite Fahrt gelang 1791. Die Schwarzen lehnten die pappige Frucht, wie sich später zeigte, aber ohnehin ab.

Wenn Brotfrucht nicht richtig zubereitet wird, schmeckt sie wenig ansprechend und nach Brot zuallerletzt. Der **Name** geht auf den hohen Stärkegehalt der Frucht zurück.

Der große **Baum** mit flächigen Blättern ist im ozeanischen Bereich Südostasiens weit verbreitet. Es gibt zwei eng verwandte Arten, **Brotfrucht und Brotnuss,** beide etwa kinderkopfgroß bei Reife. Die

Popoi – ein polynesisches Rezept
Auf vielen Inseln Polynesiens knetet man das Fruchtfleisch der Brotfrucht gut durch, legt es in mit Bananenblättern ausgekleidete Erdgruben und stampft es darin fest, bis es den vorhandenen Platz kompakt ausfüllt. Man lässt die Masse eine Weile gären und deckt die Grube dann mit weiteren Blättern und einer Erdschicht zu. Der Teig hält sich jahrelang. Zur Wiederaufbereitung wird er zumeist unter Zusatz von Wasser ausgeknetet, im Erdofen gebacken, neuerlich geknetet und noch einmal mit Wasser verlängert.

erstere hat eine narbige grüne Schale, bräunlich bei Reife, und keine Kerne, die andere ist picklig mit Kernen.

Das dicke, weiße **Fruchtfleisch** beider Arten unterscheidet sich kaum voneinander. Es lässt sich nicht roh essen und gibt gebacken oder wie Kartoffelchips geröstet auch kein Festmahl ab. In Kokosmilch (siehe „Kokosnuss") **zubereitet** oder als „Popoi" (siehe Rezept) kann man sich Brotfrucht aber gefallen lassen. Die gekochten Kerne der Brotnuss sind ebenfalls verzehrbar.

Cereza

MUNTINGIA CALABURA

Cereza, spanisch für **„Kirsche"**, wird der ausladende Schattenbaum in einigen Ländern genannt, weil seine Früchte Kirschen stark ähneln. Nur die Farbe ist etwas heller. Reife Cerezas sind von sattem Rosa. In manchen Ländern trägt die Pflanze auch den Spitznamen „Erdbeerbaum".

Der schnell wachsende **Baum** stammt aus Südamerika, ist jedoch schon länger pantropisch verbreitet. Sogar auf Südseeinseln wurde er (durch Japaner) verpflanzt. Er kommt sowohl verwildert als auch oft in Städten als Zierpflanze vor. Manche Leute haben sich Cerezas in den Garten gesetzt, weil sie angenehmen Schatten spenden und weil die Früchte viele Vögel anlocken.

Aus den **Früchten** machen sich die meisten Tropenbewohner aber eher wenig. Sie gelten als „minderwertig", schon weil Kinder sich dafür begeistern können und wohl auch, weil sie relativ klein sind. Dabei sind die saftstrotzenden Cerezas gut zu essen. Sie schmecken ausgezeichnet, können zur Gänze verzehrt werden und haben einen hohen Gehalt an Vitamin C.

Die Bäume sind gewöhnlich mit den appetitlich aussehenden Früchten reich beladen, die nach und nach reif werden und mithin auf täglicher Basis die **Ernte** erlauben. Und Klettern ist nicht einmal vonnöten: Die fruchtbehangenen Zweige neigen sich einladend bis auf Pflückhöhe hinab.

Cerezas eignen sich vorzüglich für Marmeladen. Sie gelten außerdem als vorbeugendes Mittel gegen Erkältungen, offensichtlich wegen ihres hohen Vitamingehalts.

016ef Abb.: rh

Ciruela

SPONDIAS PURPUREA

Die richtige Reife
Bei Reife färben sich die Ciruelas einladend gelb oder sanft purpurn. Das reife Fruchtfleisch ist dann weich und gelb.

Wie die vorstehende Cereza hat sich auch diese Frucht ein spanisches Lehnwort zu Eigen gemacht. Ciruela bedeutet **„Pflaume"** und genau einer solchen ist die Frucht auch sehr ähnlich. Auf Englisch wird sie deshalb auch „Spanish plum" genannt. Sie stammt aus dem tropischen Amerika, ist in Asien aber weit verbreitet.

Es handelt sich um einen niedrigen Baum (< 5 m) mit breit ausladendem Zweigwerk, welches die besagten Pflaumen in großer Zahl trägt. Die **Früchte** sind lange hart und grün und sollten in diesem Stadium wegen Gefahr von Bauchgrimmen nicht verzehrt werden.

Das Innere enthält einen harten, nicht essbaren Kern. Ansonsten ist die ganze Frucht mitsamt der (etwas ledrigen) Schale verzehrbar.

Die Früchte werden zumeist gepflückt, indem man den Baum erklettert. Das Astwerk ist jedoch brüchig. Vorsicht, sonst kracht's!

Durian

Durio zibethinus

Die igelige Baumfrucht, wieder mal eine „Königin aller Früchte", ist in Südostasien zu Hause und wächst dort vereinzelt auch wild. Die **Verbreitung** beschränkt sich weiterhin auf die Heimatregion (Indonesien, Malaysia, Mindanao, Thailand). Die Stadt Davao in den südlichen Philippinen wird wegen der dort häufigen Vorkommen sogar „Durian City" genannt.

Die besten Früchte sollen aus Thailand kommen. Dort gibt es **zahlreiche Unterarten** mit örtlichen Bezeichnungen, je nach Erscheinungsbild, wie Frosch, Gibbon-Affe, Goldenes Kissen, Langstiel,

„Täuschung" (wegen defizitären Inhalts) und Transvestit – „zwei in einer".

Die Durian gilt als „höllisch riechende und himmlisch schmeckende" Frucht. Wenig schmeichelhafte Beinamen sind deshalb Baumkäse, Stinkfrucht und Zibetkatzenbaumfrucht. In der Tat ist der **Geruch** mancher reifen Durian so stark käsig-zwieblig, dass einige Airlines die Mitnahme in ihren Flugzeugen verbieten und Restaurants sie aus Speisesälen verbannen – eine vielleicht überzogene Maßnahme.

Die Herkunft des Namens
Das Wort Durian ist malaiischer Abkunft. „Duri" bedeutet dort „Dorn" und die Nachsilbe „-an" weist auf ein Vorhandensein hin.

Über den **Geschmack** gehen die Auffassungen noch mehr auseinander. Es gibt Durianhasser und Durianfreaks.

Die **Durianhasser,** durch die Bank „Westler", finden das sämige Fruchtfleisch genauso höllisch wie den Geruch. Den britischen Forscher Sir James Scott erinnerte es 1882 an „Knoblauchkreme, über einem Londoner Abwasserkanal genossen". Jemand anders, ebenfalls englischen Namens, fielen dazu „in einem Gummischlauch geschmorte Zwiebeln" ein. In beiden Fällen hatte die britische Küche offenbar Vorbildrolle.

Sofort verzehren!
Das Fruchtfleisch sollte unverzüglich verzehrt werden, weil sich eine geöffnete Durian nur sehr kurzfristig hält – nach maximal 24 Stunden kann man sie wegwerfen.

Die **Befürworter** (zumeist keine Briten) können sich schwelgend für den göttlichen Nektar begeistern. Eine Mittelposition gibt es nicht. Die Einordnung des Geschmacks ist daher streng subjektiv. Sehr reifer, feinster Camembert mit diversen fruchtigen Untertönen und einem Hauch Vanille kommt den Fakten womöglich am nächsten.

Die Durian soll auch (angeblich) die Tätigkeit der Keimdrüsen massiv anregen und dieserart einen Beitrag zu starken Lenden liefern, vielleicht ein

Grund für die Beliebtheit der Frucht bei Asiaten und den **hohen Preis** selbst in den Anbauländern – echte Freaks legen schon mal 50 Euro für eine erstklassige Durian hin.

Durian wächst in bis zu 100 Exemplaren an 25 bis 30 m hohen Bäumen und wird 3–4 kg schwer. Früchte im Handel sind in der Regel kleiner. Kurz vor der Reife werden die **Früchte geer** wenn sie sich schon leicht gelblich verfärbt haben. Wenig später plumpsen sie von selbst vom Baum – unter dem man keinesfalls wandeln sollte – und nehmen wegen ihrer soliden Schale dabei kaum Schaden.

Eine Durian am Stiel ist eine formidable **Schlagwaffe** nach Art des friesischen Morgensterns. In Thailand richtet sich die Strafe für ihren Einsatz nach der Anzahl der durch die Noppen zugefügten Wunden.

Im Inneren der Frucht drängen sich mehrere kastaniengroße Samenkerne, deren Mantel das eigentliche **Fruchtfleisch** darstellt, welches sich herauslöffeln oder -lutschen lässt.

Die **Kerne** sind ebenfalls essbar, indem man sie in Scheiben schneidet und in Öl röstet. Der Geschmack ähnelt dem von Walnüssen.

Durian öffnen

Um die Frucht zu öffnen, schneide man sie längs an und breche sie auseinander. Es empfiehlt sich, die Schale wegen ihrer stachligen Noppen dabei mit einem dicken Tuch anzufassen.

Durian und Alkohol?

Durian und Alkohol vertragen einander nicht. Ein Trunk nach einer Durianfete soll sogar gefährlich sein.

Durianpaste, entweder süß („lempol") oder salzig („sambal") findet man auf vielen Märkten in Indonesien und Malaysia.

Mehr **Informationen** über die Frucht gibt es im Internet beispielsweise bei Durian OnLine (DOL). Dort kann man sich unter anderem ins „Stinky Guestbook" eintragen.

http://giardia.ecst.csuchio.edu/~durian/
E-Mail: durian@ecst.csuchico.edu

018ef Abb.: rh

Feige

FICUS CARICA

Die **„klassische" Feige** gehört eigentlich gar nicht in dieses Buch, denn sie ist ein subtropisches Gewächs.

Die Feigenfamilie ist mit ca. 1000 Arten jedoch ungeheuer groß und manche sind ausschließlich in den Tropen daheim – und zwar wild wachsend. Schmackhafte Wildfeigen, in der Mehrzahl **Dschungelgewächse,** muss man mit vielen Tierarten teilen, denen die Früchte auch schmecken.

Die richtige Reife
Bei Reife verfärben sich die meisten Arten purpurn und werden weich.

Eine der besten, qualitativ an kultivierte Sorten heranreichenden **Wildfeigenarten** ist die Sandpapierfeige (F. coronata). Sie ist erkenntlich an den Namen gebenden, extrem rauhen Blättern des vergleichsweise kleinen Baums. Weit über Südostasien verbreitet ist auch Ficus minahassae, die ein laubenartiges, dicht mit Früchten behaftetes Zweigwerk bis auf den Boden hinabbeugt – Proviant satt für den Dschungelläufer.

Alle Feigenarten dürften essbar sein. Wie gut sie zu essen sind, steht auf einem anderen Blatt. Voraussetzung ist stets völlige Reife – **grüne Feigen** sind eine höchst unvergnügliche Kost. Sie bestehen, typisch für Feigen, fast nur aus Kernen, schmecken harzig oder extrem herb nach Gerbsäure und oft haben Gallwespen Rückstände hinterlassen.

Feigen erkennt man daran, dass sie knopfartig direkt am Stamm oder an den Ästen der (zumeist sehr massiven) Bäume sitzen und, wie erwähnt, beim Öffnen eine Riesenmenge kleiner Samenkerne zur Schau stellen.

Feigen sind reich an **Enzymen** mit günstigen Wirkungen auf die menschliche Gesundheit.

019ef Abb.: pw

Granatapfel

PUNICA GRANATUM

Im Altertum galt der Granatapfel im Mittelmeerraum, wo er immer noch primär angebaut wird, als **Sinnbild der Liebe** und Fruchtbarkeit.

Ursprünglich stammt er jedoch aus Persien und ging von dort schon früh auf Reisen in die andere Richtung, nämlich nach Indien und China. Dort wächst der 2–4 m hohe Busch hart **am Rand der Tropenzone,** denn er zieht kühle Winter dem feuchtheißen Klima vor. Die **Frucht** erinnert an ein Mittelding zwischen Orange und Zwiebel.

Die richtige Reife
Bei Reife wird die ledrige Schale gelbrot und etwas rissig.

Granatäpfel eignen sich prima als Bestandteil von Obstsalaten, als Saft und Mixgetränk sowie als Beigabe zu Fisch und Fleisch. Der Geschmack ist herb säuerlich, dem von Johannisbeeren ähnlich. Die Frucht enthält viel Vitamin C, Kalzium und Eisen.

Zum **Öffnen der Frucht** ritze man sie vom Kelch bis zum Stielansatz mehrmals ein, halbiere sie dann quer und breche sie auseinander. Die zahlreichen Kerne fallen dabei heraus; etwas Klopfen hilft nach.

Die **Schale** des Granatapfels enthält viel Gerbsäure, die böse Flecken entstehen lässt. Vorsicht also beim Öffnen der Frucht.

Guave

PSIDIUM GUAJAVA

Die einem Apfel entfernt ähnliche Frucht stammt aus Mittel- und Südamerika und ist im tropischen Asien weit verbreitet. Der Busch oder kleine Baum (bis 8 m) wird **überall kultiviert,** findet sich aber auch häufig **wild wachsend** in Höhenlagen bis zu 1500 m. Fruchtkenner halten die wilden Sorten für noch schmackhafter als die angebauten.

▼ *Apfelguave*

021ef Abb.: rh

Guaven sind tropenweit mit etwa 150 **Arten** und diversen weiteren Varietäten vertreten. „Apfelguaven" erreichen etwa Pampel-

020ef Abb.: rh

musengröße und werden auch bei Reife nicht sehr weich. Der Geschmack ähnelt in der Tat einem (halbreifen) Apfel. Die meisten anderen Arten beschränken sich auf Zitronenformat.

Essen kann man die ganze Frucht, nicht nur das appetitlich weiße, gelbe oder rosafarbene Innere. Es empfiehlt sich sogar, die Schale mit zu verzehren, denn in ihr sitzt das meiste Vitamin C. Davon weisen Guaven überhaupt eine Menge auf, nämlich bis zu 242 mg pro 100 g, etwa fünfmal so viel wie Orangen, außerdem die **Mineralien** Eisen, Kalzium und Phosphor sowie die **Vitamine** B1 und B2. Der Geschmack

Die richtige Reife

Die meisten Arten nehmen bei Essreife einen einladenden Gelbton an und riechen eindringlich fruchtig, ebenfalls sehr einladend. Ein Baum, ganz zu schweigen von einer Plantage, ist dann auf weite Distanz erschnupperbar.
Die Frucht kann in diesem Stadium auf Druck leicht eingedellt werden. Kenner machen auch die „Fingernagelprobe", indem sie den Nagel in die Schale zwicken. Bildet sich ein deutlicher Halbmond, ist die Frucht verzehrbar und lässt sich dann direkt vom Baum ernten und verspeisen.

erinnert an einen Mix von Birnen und Feigen, mit einer quittigen Nuance.

Halb reife Guaven werden in Indonesien und auf den Philippinen gern mit einer Shrimppaste verzehrt, siehe „Allgemeines über tropische Früchte".

Ein supersimples Rezept
4 reife Guaven zerteilen, mit dem Saft von je 1 Orange und 1 Zitrone sowie etwas Zuckerwasser kurz aufkochen. Als Kompott kühl servieren.

Die **Kerne** der Guave sind eisenhart. Man kann sie aus der längs durchschnittenen Frucht entfernen, was sich für deren weitere Verarbeitung (z. B. für das ausgezeichnete Guavagelee, Sorbets und Fruchtsalate) allemal empfiehlt, sonst krachen Zähne. Weil aber viel wertvolles Fruchtfleisch bei der Entkernung verloren geht, verschlucke man die Kerne beim Frischverzehr (keine schädliche Wirkung) oder spucke sie einfach aus.

Weil der kleine Guavenbaum so weit verbreitet und leicht zu erklettern ist, wird er im ganzen tropischen Asien immer wieder **von Kindern leer gepflückt.** Dagegen wäre nicht das Geringste einzuwenden, wenn den lieben Kleinen auch die vitaminreichen Früchte zugute kämen. Es sind jedoch stets die unreifen Guaven, die abgerissen, für ungenießbar befunden und weggeworfen werden. Essbare Früchte bleiben bei dieser Praxis kaum übrig. Das ist insofern besonders bedauerlich, als Guaven ständig neu heranwachsen und ein Baum bis zu 35mal im Jahr beerntet werden kann. Den Kindern (und nicht nur denen) entgeht auf diese Weise eine sehr wertvolle und gesunde Nahrungsquelle. Traveller sollten Dörfler so oft wie möglich darauf hinweisen, diesen Unfug zu unterbinden.

Guaven erst durchschneiden!
Guaven vor dem Verzehr erst immer durchschneiden. Sie sind oft mit den Maden von Fruchtfliegen durchsetzt.

Guave als Medizin

Die Blätter der Pflanze haben eine **antibiotische Wirkung auf Wunden und Ekzeme.** Man koche eine Hand voll kurz in 1 Liter Wasser und wasche die betroffenen Stellen mit der Flüssigkeit. Alsdann bringe man eine Lage zerstampfter frischer Blätter auf und binde sie fest ein. Kompresse täglich wechseln. Nach 4 Tagen sollte eine Wunde wie ein zerschrammtes Knie selbst unter widrigen Tropenbedingungen geheilt sein.

Aus allen Teilen des Baums, besonders der Rinde, lässt sich ein wegen seines hohen Gerbstoffgehalts gut **gegen Durchfall wirkender Tee** bereiten. Man nehme 1 TL 4mal am Tag zu sich, bis Besserung eintritt.

Guaven nachreifen
Zum Nachreifen bei Zimmertemperatur (innerhalb von 1-5 Tagen) müssen Guaven bereits gelblich sein. Grüne Früchte bleiben steinhart und unverwertbar.

Guaven aufbewahren
Voll gereifte Guaven beginnen dagegen nach 1-2 Tagen zu verrotten. Sie halten sich aber mehrere Tage im Kühlschrank. Außerdem kann das Fruchtfleisch auch eingefroren werden und bleibt dann lange genießbar. Zitronensaft beugt einer braunen Verfärbung vor.

Jackfrucht

ARTOCARPUS HETEROPHYLLUS

Die **größte Baumfrucht der Welt** stammt aus dem indischen Raum und ist pantropisch verbreitet. Sie ist mit dem Maulbeerbaum und somit auch mit der Feige und der Brotfrucht verwandt. Bei einem Gewicht von bis zu 50 kg wird sie nur vom bodenständigen Kürbis mit mehr als 70 kg übertroffen. Auf Märkten im tropischen Asien bietet man die Riesenfrucht vernünftigerweise in Scheiben oder handlichen Segmenten an.

Die klobige, noppenbesetzte Frucht wächst zumeist direkt am Stamm.

Die richtige Reife
Unreif ist die Frucht grün und verfärbt sich später goldbraun bis gelblich. Das Äußere wird dann etwas nachgiebig.

023ef Abb.: np

Sie enthält in ihrem Inneren keilförmige Segmente, welche **unreif** wie Gemüse (vorzugsweise in Kokosmilch) bereitet oder auch in Essig eingelegt werden.

Roh verzehrt ist die **reife Frucht** von angenehm süß-karameligem Geschmack. Behutsam getrocknetes Fruchtfleisch ist ebenfalls sehr schmackhaft.

Auch die dicken **Kerne** sind gekocht oder geröstet essbar und schmecken wie Kastanien. Man kann sie zerstampft sogar wie Brotmehl verwenden.

In Indonesien ist die Jackfrucht zusammen mit Avocado, Kokosfleisch und Kondensmilch in einem leckeren **Drink** namens „esteler" („Essteller") vertreten. Fragen Sie auch mal nach dem ähnlichen „gudak".

Jackfrucht zerlegen

Um eine Jackfrucht zu zerlegen, öle man Hände und Messerklinge mit Speiseöl ein, um in dem zähen Latexsaft, der auch im Inneren der Frucht reichlich präsent ist, nicht stecken zu bleiben. Der Länge nach halbieren (Trennlinie anschneiden und die Frucht dann auseinanderbrechen); die Segmente per Hand herauslösen. Das faserige weiße Stützgewebe ist nicht essbar.

022ef Abb.: gu

Jackfrucht als Medizin

Jackfrucht enthält mindestens 20 Säureester und so genannte Alkanole. Da der Gehalt an Mineralstoffen und Vitaminen (außer einigem C) wenig nennenswert ist, muss es der obige Mix sein, der die Frucht medizinisch wertvoll macht. Sie hat nämlich, wie man erst neuerdings herausgefunden hat, eine **stärkende Wirkung auf das menschliche Immunsystem.** Wer auf Tropentouren viel Jackfrucht verzehrt, kann sich also nur etwas Gutes tun.

Jackfrucht tragen

Beim Tragen auf der Schulter (anders geht es kaum) am besten einen Papiersack unterlegen, um die Kleidung zu schonen. Der Latexsaft ist aus Textilien kaum wieder herauszukriegen.

024ef Abb.: rh

Javaapfel

SYZYGIUM JAVANICUM

Der tropenweit verbreitete bis 10 m hohe Baum stammt ursprünglich von der malaiischen Halbinsel und kommt in einer ganzen Anzahl von Varietäten vor. Weitere deutsche **Namen** für die Frucht sind Malayaapfel, Rosen- und Wasserapfel oder auch Wachsjambuse und beschreiben der Reihe nach die Herkunft, die Farbe bei Reife, das wässerige Fruchtfleisch und die wachsige Schale. Hübsch und nicht unzutreffend ist auch der indonesische Name einer Unterart: Jambu air plastik = „wassergefüllter Plastiksack".

Die **Frucht** hat eine glocken- bis birnenförmige Form und misst etwa 5-7,5 cm im Durchmesser. Bei den meisten Sorten ist sie lange weiß bis grünlichweiß und verfärbt sich bei Reife zu sattem Rosa, bleibt aber weiterhin knackig. Sie kann dann zur Gänze gegessen werden.

Das weiße bis glasige **Fruchtfleisch** gibt geschmacklich nicht viel her, ist jedoch wegen seines hohen Wassergehalts angenehm erfrischend. Die Früchte lassen sich deshalb in großen Mengen vertilgen, ohne dass sich ein Völlegefühl einstellt. Das weiße **Stützgewebe** im Inneren der Frucht ist ohne nennenswerten Geschmack, lässt sich aber ohne Nachteile mitverzehren.

Javapflaume

SYZYGIUM CUMINI

Der 4–15 m hohe Baum ist in Südostasien beheimatet und hat keine nennenswerte Verbreitung darüber hinaus erfahren, was wohl an der **schwierigen Transportierbarkeit der Früchte** liegen mag: Sie

025ef Abb.: rh

verrotten leicht. Javapflaumen findet man nie in größerer Entfernung vom Anbaugebiet, allenfalls als „Wein", den man aus ihnen bereitet.

Zur Erntezeit ist der Baum mit großen Mengen der Früchte behangen, die **bei Reife** eine einladende schwarzpurpurne Farbe annehmen und dann direkt in den Mund geerntet werden können. Die Javapflaumen ähneln insofern und auch von Größe und Aufbau her schwarzen Oliven. Der Geschmack ist jedoch angenehm süß, mit einer winzigen herben Nuance. Alle Teile der Frucht lassen sich essen, den Kern spuckt man aus.

Javapflaumen sollen eine gewisse günstige **Wirkung auf Diabetes mellitus** haben.

Der **violette Saft** der Frucht färbt alles ein: Finger, Lippen, Kleidung. Er lässt sich jedoch leicht wieder abwaschen.

Jujube

ZIZYPHUS JUJUBA

Die mediterrane Variante dieser ungewöhnlichen Frucht soll nach Ansicht mancher Fachleute schon von Homer in den höchsten Tönen gelobt worden sein. Die Jujube stammt aber aus China, wo sie womöglich schon vor 4000 Jahren kultuviert wurde. Sie heißt deshalb auch „chinesische Dattel" oder, auf Pidgin-Englisch, „Chinee apple". Sie gedeiht überwiegend im gemäßigten Bereich Asiens, Unterarten kommen jedoch **auch in den Tropen** vor und sind sogar im australischen Queensland zu finden.

Die richtige Reife

Die Frucht wird bei Reife gelb bis bräunlich. Ein runzliges Aussehen ist gutem Geschmack förderlich. Man lasse die Früchte bis zu diesem Stadium nachreifen.

Die an 20 m hohen Bäumen wachsenden Früchte haben vom Aussehen und Geschmack her **Ähn-**

026ef Abb.: pf

lichkeit mit Äpfeln, nur sind sie erheblich kleiner: etwa pflaumengroß.

Jujubes können bis auf einen zentralen Kern zur Gänze gegessen werden. Am besten schmecken Jujubes sogar getrocknet – eine prima Nahrung unterwegs übrigens.

Eine verwandte Art, die **„Weinjujube"** Zizyphus oenoplia, kommt als Busch in tropischen Dschungeln vor, ist aber weitaus weniger verbreitet. Die schwarzen Oliven ähnelnden Früchte sind ebenfalls essbar, aber ziemlich sauer.

027ef Abb.: rh

Karambole

AVERRHOA CARAMBOLA

Die richtige Reife
Karambolen bleiben lange grün und nehmen erst bei finaler Reife eine gold- bis sattgelbe Farbe an.

Die Karambole stammt aus Südasien, ist heute jedoch mit zahlreichen Varietäten und Unterarten tropenweit verbreitet. Sie wird auch Baumstachelbeere oder **Sternfrucht** genannt. Letzteren Namen verdankt sie einem sternförmigen (fünfzackigen) Profil, das wohl zu einer gewissen hiesigen Beliebtheit beigetragen hat. Karambole-Sterne gelten wegen ihrer eigenwilligen Form als ideale Partyfrüchte und Obstsalat-Dekorationen und sind deshalb häufig in Supermärkten zu finden. (Auf den Philippinen bezeichnet man mit dem dortigen Namen der Frucht – balimbing – einen politischen Wendehals „mit mehreren Ecken".)

Reife Karambolen sind sehr knackig-saftig und angenehm säuerlich mit viel Vitamin C und den Mineralien Kalzium, Magnesium und Phosphor. Zum Verzehr trennt man die äußere harte Kante der fünf

Segmente ab. Ansonsten ist die gesamte Frucht einschließlich der Kerne essbar. Sie lässt sich auch gut zu Konfitüren und Desserts sowie püriert zu Mixgetränken verarbeiten.

Grüne Karambolen werden zur Säuerung von Fischsuppen verwendet. Wie die eng verwandte Bilimbi (s.o.) enthalten Karambolen, speziell unreife, saure Früchte, viel Oxalsäure, die ungünstig für Herz-, Nieren- und Rheumakranke ist.

Bei Zimmertemperatur **halten sich** Karambolen bis zu zwei Wochen. Bei Überreife beginnen sie braune Flecken anzunehmen.

028ef Abb.: rh

029ef Abb.: rh

Kaschu

ANACARDIUM OCCIDENTALE

In allen Tropenländern wird Kaschu angebaut, und zwar wegen der schmackhaften und vitaminreichen **Nüsse,** die u. a. Bestandteil der bekannten „mixed nuts" sind. Weil Kaschunüsse teuer gehandelt werden, lohnt sich die Kultivierung des anspruchslosen Baums allemal und in der tropischen Welt gibt es daher viele Plantagen dieser Art.

Von den **Früchten** hört man dagegen so gut wie nichts. Das liegt daran, dass es sich zum einen um gar keine richtige Frucht im botanischen Sinn, sondern um einen „Apfel", d. h. einen dicken, angeschwollenen Fruchtstiel handelt. Zum anderen ist dieser „Apfel" derart saftgefüllt, dass er über ein paar wenige Stunden hinaus gar nicht transportiert werden kann, ohne zu vermatschen. Auch vom Baum gefallene reife Früchte beginnen nach kurzer Zeit am Boden zu vergären und diverse interessierte Insekten und andere Tiere geben ihnen schnell den Rest. Eine Kaschuplantage riecht man wegen der gammelnden Früchte immer schon von weitem.

Vorsicht vor Nuss-Schale und Stielansatz!

Wichtig ist, unten (wo die Nuss sitzt) und oben am Stiel eine Scheibe von ein paar Millimetern abzuschneiden und diese nicht mitzuessen. Nuss-Schale und Stielansatz enthalten nämlich die giftige Substanz Cardol, die schwere Haut- und Lippenreizungen verursacht und auf keinen Fall in die Augen geraten darf. Vorsicht auch vor Flecken in der Kleidung durch den Saft.

Wer den **köstlichen Saft** genießen möchte, mit dem die knallgelbe bis sattrote reife Frucht prall gefüllt ist, muss direkt ins Geäst greifen. Die Frucht, der die bewusste Kaschunuss außen anhängt, kann einschließlich der Schale verzehrt werden. Oder man lutscht den (leicht adstringierenden) Saft einfach nur aus.

Nüsse verwerten

Wer auf einer Plantage Kaschufrüchte verspeist, sollte die abgeschnittenen Nüsse jemandem übergeben oder sie an einer auffälligen Stelle deponieren, um ihre weitere Verwendung sicherzustellen. Sie sind zu teuer zum Wegwerfen.

Weil in der doppelwandigen **Nuss-Schale** das meiste giftige Cardol sitzt, kann man Kaschunüsse nicht im Naturzustand, sondern immer nur maschinell geschält und geröstet kaufen. Bei der Röstung verfliegen letzte Reste des Gifts. Die im Handel befindliche Nuss ist über jeden Verdacht erhaben.

040ef Abb.: pw

Kiwi

Actinidia chinensis

Die Kiwi ist ein Beispiel dafür, wie eine recht unscheinbare, unbekannte Frucht plötzlich das Scheinwerferlicht erreichen und ganze Märkte erobern kann. Die Schlingpflanze **stammt aus China,** wo man ihre Frucht auch „Affenpfirsich" nennt. Sie ist nur deshalb hier als „asiatisch" aufgeführt. Ihr **Anbau** findet heute fast nur außerhalb Asiens statt, vornehmlich in Neuseeland, wohin sie schon 1906 verpflanzt wurde und wo der Name (= „Neuseeländer") auch herkommt.

Kiwis entdeckt man deshalb eher in hiesigen **Supermärkten** als auf einer Asienreise. Billig sind sie auch, denn sie lassen sich gekühlt leicht in großer Zahl verschiffen und reifen dann vor Ort nach.

Reife Früchte halten sich bei Zimmertemperatur 3-4 Tage, im Kühlschrank bis zu 2 Wochen.

Die richtige Reife
Zum Verzehr sollte die Kiwi weich, aber nicht allzu nachgiebig sein.

Reifung beschleunigen
Die Reifung lässt sich beschleunigen, indem man die Kiwis zusammen mit einem Apfel oder Banane in eine Tüte steckt. Die Früchte sind dann innerhalb von 24 Stunden reif.

Man schneidet die Kiwi quer durch und löffelt sie aus. Sie enthält die **Mineralien** Kalzium und Eisen, sehr viel **Vitamin C** und außerdem das **Enzym Actinidin,** das Milchprodukte bitter macht und das Gerinnen von Gelatine verhindert - Achtung also beim Backen von Kiwitorten.

Kokosnuss

COCOS NUCIFERA

Kaum ein Gewächs **symbolisiert die tropische Flora** mehr als die Kokospalme und keines trägt stärker zur Faszination der Tropen bei.

Der wahrscheinlich aus dem Westpazifik (Philippinen?) stammende und weiterhin überwiegend in unmittelbarer Küstennähe gedeihende Baum ist im geografischen Raum, den dieses Buch erfasst, zu vielen hundert Millionen Exemplaren vertreten und bildet die **wirtschaftliche Grundlage ganzer Völkerschaften.** (Weltweit werden jährlich zwischen 25 und 30 Milliarden Kokosnüsse verarbeitet.)

Für jemanden, der in die Tropen reist oder sich gar dort niederlassen will, ist einiges Wissen über die **Eigenschaften der Kokospalme** sehr nützlich. Als erstes gilt es mit dem Missverständnis aufzuräumen, dass die kleine, braune Nuss, die man in hiesigen Supermärkten findet, in dieser Form auf der Palme wächst. Zum zweiten muss darauf hingewiesen werden, dass Tropenbewohner keineswegs dauernd an solchen Nüssen knabbern, noch sie (in dieser Form) überhaupt zu ihrer relevanten Nahrung zählen. Und letztlich sei klargestellt, dass Kokosnüsse keine „Milch“ enthalten, sondern ganz schlichtes Wasser.

Kokosnüsse

Die **Kokospalme entspringt** direkt aus der Nuss. Dank der im Wasser schwimmenden Nüsse verbreitet sich die Kokospalme auf dem Seeweg. Die komplette Palmenkrone entwickelt sich zunächst auf Bodenniveau, erst dann beginnt der Stamm in voller Dicke in die Höhe zu wachsen - bis auf 25-30 m.

Die **ersten Nüsse** entstehen nach 7-8 Jahren (bei manchen Arten eher, bei anderen weitaus später) und in einer Höhe von 3-4 m. Selbst im Klettern Ungeübte können sie dann noch ernten.

Lieber nicht selber klettern!

Vor Kletter-Experimenten an hohen Bäumen sei an dieser Stelle gewarnt. Es sieht verblüffend simpel aus, wenn ein Einheimischer „wie ein Affe“ eine Palme hochentert. Das versuchten weiße Männer schon zu Kolonialzeiten nachzuahmen, doch es gelang ihnen nicht.

Aber selbst Klettergewohnte kommen mitunter zu Fall. Der Sturz von einem ausgewachsenen Baum entspricht immerhin jenem von einem zehnstöckigen Gebäude und ist selten nicht tödlichen Ausgangs. Die Statistik hängt aber offenbar von Körperbau und Geschicklichkeit der Kletterer ab. In Melanesien, wo relative Leibesfülle landestypisch ist, zählen Stürze von der Palme als Unfallart Nummer eins. Auf den Philippinen, weltgrößter Produzent mit über 300 Millionen Kokospalmen, ist dieses Vorkommnis jedoch eher selten.

030ef Abb.: rh

Die **in der Krone vorgefundenen Nüsse** sind keineswegs faustgroß und braun, sondern von den Dimensionen eines Fußballs, hellgrün und bis zu 6 kg schwer (siehe auch Titelbild). Sie treten in Bündeln von einem Dutzend oder mehr auf und sie sind zäh mit der Krone verbunden. Alles Zerren nützt nichts – man muss sie entweder einzeln abdrehen oder mit der Machete abschlagen. (In diesem „einhändigen“ Stadium geschehen die meisten Unfälle.) Jetzt ist auch darauf zu achten, dass die geernteten Nüsse auf eine weiche Unterlage (oder in die See) fallen, sonst platzen sie auf und das Wasser, auf das der Reisende zumeist viel Wert legt, geht verloren.

Große, grüne Kokosnüsse enthalten bis zu einen Liter **Kokoswasser,** das so rein ist, dass man es für Infusionen verwenden kann. (Enzymatische Beimischungen sind außerdem gut für die Nierenfunktion.) Es hat eine erfrischende, leicht säuerliche Note, aber nicht den geringsten typischen Kokosgeschmack. Dieser stellt sich erst ein, wenn in der reifen, harten Nuss das Wasser bis auf Tassenquantität verdunstet und trübe geworden ist – weshalb man es (fälschlich) als „Kokosmilch“ bezeichnet. Kein Mensch in den Tropen käme auf die Idee, außer kurz vorm Verdursten, dieses Wasser zu trinken.

Um an das Wasser zu kommen, muss die grüne Nuss mit der Machete so aufgeschlagen werden, dass eine **Trinköffnung** entsteht. Auch das kann nicht jedes Greenhorn – auf die Finger aufpassen, sonst fliegen sie durch die Gegend!

Kokoswasser bestellen

Tropenbewohner machen sich zumeist wenig aus Kokoswasser. Wer sich eine Trinknuss „bestellt“, sollte den Kletterer darauf hinweisen, das Wasser nicht verloren gehen zu lassen.

Kokosmilch selbst hergestellt

Fertigen Kokosraspel erhält man in Europa in den meisten Asienläden. Daraus hergestellte Kokosmilch schmeckt besser als ein Fertigprodukt in Dosen. Man experimentiere frohgemut drauflos. Sogar hiesige Feldfrüchte wie Steckrüben und Kürbis geben in Kokosmilch leckere Gerichte ab.

Außer dem Wasser befindet sich in einer jungen Nuss eine Lage weiches, geleeartiges, süßes **Fruchtfleisch,** das je nach Alter einen bis einige Millimeter dick ist. Zum Verzehr wird die Nuss in zwei Hälften geschlagen und das Fleisch herausgelöffelt. Appetitlich ist ein aus der grünen Schale geschnittener Schaber, den man nach der Mahlzeit wegwerfen kann.

Bereitung von Kokosmilch

Hierfür raspelt man das Fleisch fein, versetzt den Raspel in einer Schüssel mit 1 Tasse warmem Wasser und drückt ihn (mit der Hand) gründlich aus. Als Endprodukt ergibt sich eine richtige Milch, die sehr fettreich ist, doch eine andere Zusammensetzung als das Kuhprodukt hat. Diese Milch dient vielen Tropenbewohnern als Grundstoff für das Kochen.

Vorsicht unter Palmen!

Wenn die kiloträchtige Nuss aus 30 m Höhe herabdonnert, schlägt sie mit bis zu 1000 Kilopond Schmackes auf. Das killt! Zwar lösen sich die grünen Nüsse nur schwer, die Haltestiele können durch Reibung aber Schwachstellen entwickeln und dann ist es soweit. Reife Nüsse fallen mit Bestimmtheit. Auch die Wedel, mehrere Kilo auf die Waage bringend, purzeln oft zu Boden. Also: Immer daran denken, dass man (laut Goethe) „nicht ungestraft unter Palmen wandelt“.

Das weiche Fruchtfleisch wird von Tropenbewohnern gern mit dem Kokoswasser (und ggf. etwas Limone und Zucker) serviert – eine höchst erfrischende Mischung. Solch ein **Drink aus Fruchtfleisch und Kokoswasser** enthält etwa 15 g Eiweiß und Fett, 40 g Kohlenhydrate, 50 mg Kalzium, 150 mg Phosphor, 1 g Kalium und 12 mg Vitamin C. Er stellt insofern eine komplette Mahlzeit dar. Doch auf Dauer kann man sich davon nicht ernähren.

In manchen jungen Nüssen wächst durch eine Fehlentwicklung der gesamte Innenraum mit Fruchtfleisch zu. Dieses ist besonders schmackhaft und wird vor allem auf den Philippinen, wo die Substanz macapuno heißt, sehr geschätzt. Es bedarf spezieller Erfahrung, um zu erkennen, welche Nüsse diesen Stoff enthalten.

Die **Nuss ist reif,** wenn nach etwa einem Jahr die dicke Basthülle trocken wird und sich gelblichgrau verfärbt. Diese Hülle muss mit

032ef Abb.: rh

Kopramacher. Das Kokosfleisch wird zum Trocknen zerkleinert und ausgebreitet.

der Machete oder einem anderen massiven Werkzeug (ziemlich mühsam) abgestemmt werden, um an den „Kern" im Inneren zu gelangen. Dieser ist die bewusste braune Nuss, die man hier zu Lande kaufen kann. Und in ihr befindet sich das harte, weiße Fleisch, aus dem sich Kokosmilch bereiten lässt.

In Kokosmilch zubereitete Gerichte blühen förmlich auf. Grünzeug aller Art wird in ihnen schmackhaft, Fisch verliert seine Tranigkeit, Gemüse erhält eine ganz neue Konsistenz. Viele der in diesem Buch verzeichneten Früchte können im unreifen Stadium auf diese Weise zubereitet werden. Ein elementares Rezept steht auf S. 66.

Industrielles Kokosöl wird aus Kopra (= getrocknetes Kokosfleisch) hergestellt und wandert nach unappetitlichen chemischen Extraktionsverfahren in eine riesige Zahl von Verwendungen, die meisten (einschließlich Motorentreibstoffe und Waschmittel) nicht essbarer Natur. Ein erstklassiges Lebensmittel geht dieserart also praktisch vor die Hunde.

Ländliche Tropenbewohner **bereiten sich ihr eigenes Kokosöl,** indem sie Kokosmilch unter ständigem Umrühren in der Pfanne erhitzen. Nach Verdampfen des Wasseranteils bleibt das reine Öl zurück. Man kann es zum Braten und Kochen verwenden oder seine Haut damit pflegen – in jedem Fall ist es ein sehr sympathischer, ansprechender und „organischer" Stoff. Einziger Nachteil: Es wird schnell ranzig.

Nach dem Abgießen des Öls verbleibt in der Pfanne eine krümelige Substanz, die zur Gänze essbar ist und ein leckeres Dessert abgibt.

Kochen mit Kokosmilch

Kokosmilch wie oben bereiten. Der ausgelaugte Raspel hat keinen Nährwert und kann weggeworfen werden - nicht einmal die Hühner nehmen ihn noch an.

4 Knoblauchzehen, 1 geh. EL Ingwer in etwas Öl anbraten, die Hälfte der Kokosmilch zugießen, zum Kochen bringen. Zerkleinertes Gemüse zufügen, ohne umzurühren ca. 10 Min. köcheln lassen, bis das Gemüse fast gar ist. Restliche Kokosmilch aufgießen, noch einmal kurz und kräftig aufkochen lassen, salzen. Besonders schmackhaft, wenn Chilipfeffer, etwas Trockenfisch/-shrimps und ein Büschel Zitronengras mitgekocht werden. Mit Reis essen.

Weitere Kokosprodukte

Die Liste der Erzeugnisse, die allein aus dem Fasermaterial, dem Stamm und den Nussschalen der Kokospalme hergestellt werden können, ist unendlich lang. Deshalb gilt es in Kokosregionen als außerordentlich frevelhafte Handlung, eine Kokospalme umzuhacken. Hier soll nur die Rede von **ess- und trinkbaren Produkten** sein – aber selbst diese Liste ist recht umfangreich.

In einer am Boden ins Kraut schießenden Kokosnuss entwickelt sich ein **Keimorgan,** das einem weißgelben Schwamm gleicht und von Murmelgröße so weit anwächst, bis es den gesamten Innenraum ausfüllt. Der Stoff hat die Konsistenz von Kuchen und schmeckt auch so, mit einer angenehmen Kokosnote. Man sollte allerdings nicht zuviel davon essen, denn das „Embryo" hat eine ziemlich durchschlagende Wirkung. Dies gilt mehr oder minder für alle Kokosprodukte, ist aber ja durchaus nicht immer unerwünscht.

Oben in der Krone des Baums wächst der **„Palmkohl"**, ein dickes Bündel weißgelben Blattwerks von etwa 5 kg Gewicht, das auch als „Herz" der Palme bezeichnet wird. Zu Recht. Wird es zerstört oder auch nur versehrt, stirbt die Palme. Ein sehr schmackhaftes, an Spargel mit einer Nuance von Haselnuss erinnerndes Rohgericht aus Palmkohl trägt deshalb auch den Namen „Millionärssalat" oder „Piratengemüse": Man muss sich für das Privileg schon das Fällen einer kompletten Palme leisten können. (Palmkohl auf dem tropischen Markt stammt von „pensionierten" oder sturmgefällten Palmen.)

Ebenfalls im Bereich der Krone blüht die Kokospalme. Der **Honig, den Bienen aus diesen Blüten bereiten,** gehört zu den feinsten Genüssen der Welt. Und damit nicht genug: Aus den ungeöffneten Blüten lässt sich (durch Abbinden) ein wohlschmeckender **Nektar** abzapfen (bis zu 4 Liter pro Tag und Palme), der frisch getrunken werden kann oder sich zu deliziösem Palmzucker eindicken lässt.

Bleibt die Flüssigkeit stehen, vergärt sie alsbald zu **„Palm-**

Kokosnüsse richtig öffnen

Um eine harte, braune Kokosnuss zu öffnen, versetze man ihr einen kräftigen Hieb mit der stumpfen Seite eines Haumessers o.ä., und zwar genau auf den „Äquator", also auf die Längsachse. Die Nuss springt dann in zwei saubere Hälften auseinander. Falls man das dabei ausfließende Wasser „retten" möchte, vollziehe man das über einer Schüssel.

Vorsicht! Flecken!

Fast alle Teile der jungen Kokosnuss mit Einschluss des Wassers erzeugen schwer entfernbare, dunkle Flecken auf der Kleidung. Da beim Trinken immer etwas danebenkleckert, kann man sich schnell die Garderobe versauen. Wenn man ein paar Trinkhalme mit auf Tour nimmt, ist diese Gefahr gebannt.

Der Feind der Kokospalmen

Die Kokospalme hat einen bösen Feind. Der Rhinozeroskäfer (Dorcus titanus sp.) tritt in vielen Kokosregionen auf und tut sich dort am Palmkohl gütlich. Seine Bohrarbeit führt zum Tod der Palme und das bis zu handtellergroße schwarze Insekt steht daher ganz oben auf der Liste der Schädlinge. Doch man keult es nicht chemisch oder tritt es platt, sondern man sammelt es ein. In Japan werden für einen Dorcus 300 Euro und mehr geboten. Die einbetonierten Japaner halten sich die Kreaturen als Haustiere und können gar nicht genug Nachschub bekommen. Überall in Südostasien sind deshalb Knaben auf der Jagd nach den Käfern - eigentlich eine ideale und höchst umweltfreundliche Art, mit einem Schädlingsproblem fertig zu werden.

033ef Abb.: rh

wein", der in Südostasien sehr populär ist, aber arg sauer riecht und mit 8 Prozent Alkohol einen ganz schön dummen Kopf erzeugt. Außerdem landen ständig Eidechsen und Insekten in den Sammelgefäßen und werden mitvergoren - ein Prost, wem's nichts ausmacht! Die letzte Stufe des Palmweins ist Kokosessig.

Weshalb neigen sich Palmen zum Wasser?

Direkt am Meeresufer stehende Palmen sind häufig in einem Winkel von 45 Grad oder mehr geneigt. Wie kommt das? Stürme? Nein, der Grund ist ein ganz anderer. Wie die meisten Pflanzen strebt auch die Palme nach dem **Licht.** Da dieses unmittelbar am Strand aber nicht nur von oben, sondern auch von der Wasseroberfläche strahlt, wächst der Baum, sich an beiden Quellen orientierend, im schrägen Winkel empor. Steht die junge Palme gar in einem schattigen Dickicht verborgen, wächst sie unter Umständen fast waagerecht.

034ef Abb.: qp

035ef Abb.: qp

Langsat

LANSIUM DOMESTICUM

Der bis zu 20 m hohe **Langsat-Baum** stammt aus Südostasien. Die besten Früchte sollen von den Philippinen, speziell der Insel Camiguin vor Mindanao, kommen.

Die von einer leicht ledrigen, dünnen, weißbraunen Schale umschlossenen **Früchte** treten in Trauben mit zahlreichen Einzelexemplaren auf.

Die Schale lässt sich bei Reife leicht abziehen. Innen befinden sich mehrere Segmente aus einem glasigen **Fruchtfleisch,** etwas an feste Gelatine erinnernd,

Die richtige Reife

Essreife ist vorhanden, wenn die Früchte ein etwas fleckiges Aussehen annehmen und sich ein wenig eindellen lassen. Auf dem Markt angebotene Exemplare reifen in der Regel noch 1-2 Tage nach. Überreife Früchte verfärben sich bräunlich und entwickeln feuchte Stellen. In diesem Stadium darf man die Früchte nicht mehr kaufen, denn sie schmecken dann sauer und alkoholisch.

mit oder ohne Kerne. Die **Kerne** kann man beim Essen leicht separieren. Manchmal kommt es jedoch vor, dass man auf einen noch weichen Kern beißt, der dann einen scharf-bitteren Geschmack absondert. Kein Grund zur Panik – der Vorgang ist ungefährlich, denn die Kerne sind nicht giftig.

Der **Rauch getrockneter Fruchtschalen** hält übrigens höchst effektiv Moskitos fern.

Litschi

LITCHI CHINENSIS

Die richtige Reife
Reife Litschis haben eine erdbeerrote Farbe. Überreife Früchte nehmen eine dunkle, fast schwarze Farbe an und sind dann nicht mehr genießbar.

Wegen ihrer festen Schale wird die Frucht auch „chinesische Haselnuss" genannt – was falsch und irreführend ist, denn mit Nüssen haben Litschis überhaupt nichts zu tun. (Getrocknete Früchte sind als „Litschi-Nüsse" im Handel, was schon etwas realistischer ist.) Der bis zu 12 m hohe Baum kommt ursprünglich **aus Südchina,** wo die Früchte seit mindestens 2000 Jahren beliebt und geschätzt sind. Der chinesische Name bedeutet „Spenderin von Lebensfreude". Weitere Verbreitung erfuhr die Pflanze erst zu Beginn des 20. Jahrhunderts. Besonders viele Litschibäume gibt es heute in Indonesien (Bali).

Die leicht warzigen **Früchte** wachsen in Trauben von vielen Exemplaren und werden bei Reife erdbeerrot – ein voll behangener Baum sieht dann prächtig aus. Sie lassen sich wie ein Ei pellen. Das angenehm süß-säuerlich schmeckende, weiße **Fruchtfleisch** kann zur Gänze verzehrt werden – den zentralen Samenkern entferne man oder spucke ihn aus. Reife Früchte passen vorzüglich zu Obstsalaten und können, so wie sie sind, Saucen von Fisch- und Fleischgerichten zugefügt werden.

036efAbb.: rh

Einen Eindruck vom Wohlgeschmack der Früchte geben **Litschis in Dosen,** die es in fast jedem Supermarkt gibt. Sie sind jedoch in aller Regel viel zu stark gesüßt.

100 g frische Litschi enthalten 50 mg **Vitamin C** und an **Mineralien** 160 mg Kalium, 8 mg Kalzium, 30 mg Phosphor sowie 10 mg Magnesium.

Die Litschifrucht gilt als wirksam gegen Husten und geschwollene Drüsen. Der Wurzel des Baums werden **Heileffekte** gegen Krebstumore zugeschrieben.

Litschis aufbewahren

Litschis reifen nicht nach und sind also nur frisch essbar.
Bei Zimmertemperatur halten sie sich 3-5 Tage, im Kühlschrank wochenlang, getrocknet ein Jahr und eingefroren bis zu zwei Jahren.

037efAbb.: kw

Longan

DIMOCARPUS LONGAN

Die richtige Reife

Bei Reife wird die Schale etwas weich, bleibt aber, vergleichbar mit einer Weintraube, ziemlich fest.

Longan, eng verwandt mit der vorstehenden Litschi, stammt aus dem Raum zwischen Indien und dem südlichen China und ist heute über den größten Teil der tropischen Welt **verbreitet.**

Die **Frucht** ist rund bis oval und etwas größer als eine Weintraube, mit einer karamelfarbenen Schale, die leicht abgepellt werden kann.

Wie eine Weintraube lässt sich auch das glasige Fruchtfleisch mit einem zentralen Kern verzehren. Es ist zwar etwas weniger saftig als die Litschi, dafür aber süßer.

Reife Longans sind sehr berührungsempfindlich und halten sich bei Zimmertemperatur nicht lange, im Kühlschrank bis zu 3 Tage. Zitrussaft trägt zur Haltbarkeit bei.

038ef Abb.: rh

Mango

MANGIFERA INDICA

Der königliche Mangobaum hat seinen **Ursprung** in Indien und ist dort allein mit über 1000 Varietäten verbreitet. Er wird schon seit mindestens 4000 Jahren angebaut und ging bereits im 5. vorchristlichen Jahrhundert auf die Weiterreise nach Südostasien. Wirkliche **Verbreitung** fand er dort aber erst nach 1400. Heute findet sich die Pflanze in der ganzen tropischen Welt; 332 Varietäten gelten als kommerziell wertvoll.

Man darf die Mango, allenfalls zusammen mit Banane und Ananas, wohl als **die Tropenfrucht**

schlechthin bezeichnen – wenn die Ananas als Königin gilt, so ist die Mango König.

Mangos schmecken nicht nur edel. Sie sind auch in vieler weiterer Beziehung **sinnesanregend.** Allein das Aussehen, innen und außen, ist höchst verlockend. Das gleiche gilt für den Geruch der Frucht, den der Freund von Tropenobst als das Nonplusultra aller fruchtigen Aromen empfindet. Und selbst das durch ihre Berührung vermittelte Gefühl, weicher menschlicher Haut nicht unähnlich, ist irgendwie angenehm verführerisch.

Die Frucht wiegt 100 g bis 2 kg. Sie wird auch „Mangopflaume" genannt, obwohl dieses Wort eher eine Herabsetzung beinhaltet – Mango gibt sich gar keinem Vergleich mit anderen Früchten her. Die besten **Sorten** kommen nach wie vor aus Indien; die nierenförmige „Alphonso" gilt als einsame Spitze und heimst immer wieder Preise ein. Andere Varietäten sind klotzig groß („Pferdemangos"), weitere wiederum zwergig klein. Manche Sorten, namentlich wild wachsende, haben einen hohen Fasergehalt, von dem man sich nicht abschrecken lassen sollte. Die Fasern kann man mitessen, es handelt sich um wertvolle Ballaststoffe.

Mangos sind reich an **Vitaminen –** Vitamin A (2000-5000 I. E./100 g), B-Vitamine und Vitamin C – sowie **Mineralstoffen** und mit-

Die richtige Reife

Bei Verzehrreife haben Mangos eine höchst einladende knallgelbe bis apfelrote Färbung; manche Sorten werden aber lediglich weich, ohne nennenswerte Farbänderung. Runzeln oder schwarze Flecken auf der Haut sind ein Zeichen für Hochreife. Die Frucht ist dann aber immer noch gut genießbar.

Mangos pflücken und lagern

Bei der Ernte sollten zunächst 10 cm Stängel an der Frucht gelassen und die geerntete Mango sofort mit Wasser gewaschen werden, weil der anhaftende harzige Saft zu Verrottung führt.
Reifende Mangos geben stark Ethylen ab. Sie dürfen nicht zusammen mit anderen Früchten gelagert werden, da diese womöglich zu unerwünschter Überreife gebracht werden.
Reife Mangos können bis zu einer Woche bei Zimmertemperatur aufbewahrt werden, im Kühlschrank auch zwei.

039rf Abb.: rh

Mangos werden vom Baum geerntet, wenn die grüne Frucht 4-5 Monate nach der Blüte eine zartgelbe Färbung annimmt und der Fruchtstängel ohne viel Kraftaufwand nachgibt. Bei Zimmertemperatur reifen die Mangos dann innerhalb einer Woche nach.

hin gesundes Futter. Sie enthalten aber ebenfalls so genannte **Terpene,** die der reifen Frucht einen leichten terpentinigen Geschmack verleihen, der für manche Esser gewöhnungsbedürftig ist. Terpene sollen auch ungünstig auf die Leber wirken, Wahrscheinlich müsste man aber schon Tonnen von Mangos verzehren, bis sich ein schädlicher Effekt einstellt. Beherzigen sollte man indes Warnungen, zu Mangos keinen **Alkohol** zu trinken. Sonst kann einem sehr leicht übel werden (vgl. Durian).

Dass sich Mangos nicht mit **Wasser** vertragen, dürfte unwahr sein. Auch hier hieß es ja früher mal, man dürfte auf Obst kein Wasser trinken – eine Mär aus Großmutters Zeit, die längst widerlegt worden ist. Aus grünen, also unreifen Mangos werden ja auch höchst wohlschmeckende Shakes hergestellt.

Für **Shakes** und Mixgetränke eignen sich alle Mangoarten. Dafür püriert man die Mangos und mixt das Ganze einfach mit Mineralwasser und etwas Zitronen- oder Orangensaft und – nach Geschmack – etwas Zucker.

Ebenfalls exzellent sind **getrocknete Mangos,** die lediglich mit einem kleinen Nachteil behaftet sind: Man kann nicht aufhören, sie zu essen, wenn man erst einmal angefangen hat!

Ein indisches Rezept

Fruchtfleisch von 4 grünen Mangos, 1 TL Currypulver, 2 Scheiben Ingwer und 2 Knoblauchzehen, jeweils fein gehackt, je eine Prise Salz und Braunzucker plus ½ Tasse Wasser. Alles aufkochen, bis die Mangos weich sind (ca. 20 Min.). Das Resultat: Mango-Chutney, das vor allem zu Reisgerichten vorzüglich passt.

Grüne Mangos werden in ganz Asien gern mit Shrimp- oder Fischpaste verzehrt.

Je nach Sorte (und Laune) lässt sich auf verschiedene Weise die relativ ledrige **Schale der reifen Mango öffnen.** Bei manchen Varietäten kann man die angenehm harzig schmeckende Schale sogar mitessen. Andere weisen ein derart dünnflüssiges Fruchtmark auf, dass man nur ein Loch in die Schale schneiden (oder beißen) braucht, um den Inhalt heraussaugen zu können. Auch bei solideren Sorten reicht es zumeist, von einem Loch aus die Schale in Streifen abzuziehen und dann im saftigen Fruchtfleisch zu schwelgen. Dabei bekleckert man sich allerdings gewaltig.

Ein Rezept für daheim

Eine halb reife (etwas gelbliche, leicht nachgiebige) Mango aus dem Supermarkt schälen und das Fruchtfleisch in Scheiben von Bratkartoffelgröße schneiden. Mit 2-3 reifen Tomaten ebenso verfahren. Eine Lauchstange in Ringe zerlegen. Zwei Matjesheringe in kleine Stücke zerteilen und mit den Mangoscheiben und Lauchringen mischen. Eine Stunde kaltstellen und als Salat (zu Reis) servieren.

Auf etwas formalere Art schneidet man vom spitzen Ende der Frucht parallel zum längsgelagerten Kern zunächst eine Scheibe ab. Um das gleiche mit der gegenüberliegenden Seite zu bewerkstelligen, halte man die erste Scheibe beim Schneiden an den Kern gedrückt. Dieserart hat man einen guten Griff und nach dem Schneideakt drei Fruchtteile.

Aus den beiden äußeren Schalen kann man nunmehr das **Fruchtfleisch** bequem herauslöffeln. Oder man schneide es ein paarmal ein, um Quadrate oder Rauten zu bilden. Die Schale lässt sich dann konvex hochstülpen und man kann die Segmente leicht abessen. Vom Mittelteil ziehe man den Hautstreifen ab und nage den Kern frei.

041ef Abb.: pw

Mangostane

GARCINIA MANGOSTANA

Wie die Ananas ist auch die Mangostane wiederholt als „Königin der Früchte" tituliert worden, was aber wohl damit zusammenhängt, dass Queen Victoria diese Frucht sehr schätzte.

Mangostane hat mit Mango nichts zu tun, sondern entstammt der gänzlich unverwandten Familie der Johanniskrautgewächse. Der große (bis 30 m hohe) **Baum** ist auf der malaiischen Halbinsel beheimatet und seine Verbreitung beschränkt sich auch weiterhin überwiegend auf Südostasien. Der überzeugte Einzelgänger sträubt sich gegen Verpflanzung und den Anbau auf Plantagen.

Da zudem immer nur ein paar Exemplare am Baum hängen, sind die etwa apfelgroßen, tief violetten Mangostane **relativ rare Früchte** und deshalb auch ziemlich teuer. Auch exportieren lassen sie sich wenig bereitwillig, weil das cremige Fruchtfleisch leicht verdirbt. Zwar trägt die auch bei Reife harte Schale zu guter Transportfähigkeit bei, doch wie es im Inneren der Frucht genau aussieht, ist immer ein kleines Ratespiel.

Man wird die Frucht also kaum anderswo als auf tropischen Märkten finden. Dort lasse man sich beraten und gegebenenfalls eine Frucht probeweise öffnen. Sie wird einfach mit der Hand „geknackt" und gibt innen 5–7 symmetrische Segmente von appetitlich aussehendem weißem **Fruchtfleisch** preis, das eine gleiche Anzahl harter Kerne umschließt. Da das Fleisch zumeist ziemlich hartnäckig an den Kernen haftet, benutzt man diese vorzugsweise wie Lutschbonbons. Der Geschmack ist, da hatte die alte Victoria schon Recht, wahrhaft königlich: erfrischend säuerlich, mit Nuancen von Erdbeeren und Litschis.

Völlig gereifte Mangostane **halten sich** etwa vier Tage bei Zimmertemperatur.

Vorsicht beim Öffnen der Frucht
Der Saft spritzt beim „Knacken" leicht hervor und verursacht kaum zu entfernende Flecken auf der Kleidung.

Braune Verfärbungen
des Inneren entferne man besser. Sie geben dem Fruchtfleisch eine unangenehm faulige Note.

Verhütungstee
Ein aus den Blättern der Pflanze gebrauter Tee dient in Indonesien schon seit Ewigkeiten zur Geburtenkontrolle. Und zwar sind es die Männer, die den Verhütungstee einnehmen. Jetzt haben sich westliche Forscher weiterer Untersuchungen angenommen, wahrscheinlich mit dem Resultat, dass die uralten indonesischen Kenntnisse als Arzneimittel patentiert werden.

042ef Abb.: pw

Melone

CUCUMIS MELO

Man nimmt von den am Boden wachsenden Melonen an, dass sie ursprünglich aus Indien kamen – genau weiß man es nicht. Sonnenliebend wie sie sind, haben sie sich über die gesamte tropische Welt **verbreitet.** In den Subtropen sind sie auch keine Unbekannten.

Bei der Melone liegt man mal wieder mit der Botanik überkreuz, denn sie gilt eigentlich als **Gemüse.** Aber welcher Esser sähe sie nicht als Frucht an und als eine der köstlichsten überhaupt ...

Melonen sind verdauungsfördernd, blutverdünnend und von günstigen **Wirkungen** auf das Immunsystem.

Zuckermelonen

Die richtige Reife
von Zuckermelonen erkennt man vor allem am intensiven aromatischen Duft und an der Bildung von Rissen um den Stiel.

Zuckermelonen unterteilen sich in Honig-, Netz-, glatte und gerippte Melonen. Sie werden bis zu kinderkopfgroß. Man schneidet sie einfach längs durch, entfernt die Kerne und löffelt das Fruchtfleisch heraus.

Wassermelonen

Die richtige Reife
Hier ist die Reife etwas schwieriger zu bestimmen. Man sagt, ein hohler Klang beim „Anklopfen" deute auf das richtige Stadium hin. Doch man kann dabei auch Pech haben und das Innere ist trotz „Echo" pelzig oder gammelig. Gelbe Flecken können auf Überreife hindeuten.

Wassermelonen (Citrullus lanatus) nehmen bekanntlich stattliche Dimensionen an, Exemplare von 12 kg sind keine Seltenheit. Auch sie werden im tropischen Asien ebenso wie in den Subtropen angebaut und treten auf den **Märkten** in großen Mengen in Erscheinung. Auf einem Tropenmarkt wird zumeist ein kleiner Kegel zum Probieren herausgeschnitten, was die beste Methode sein dürfte um sicher zu gehen, dass die Melone auch wirklich reif ist.

Morinda

MORINDA CITRIFOLIA

Der **Busch oder kleine Baum** von 3–10 m Höhe ist auch als „Indische Maulbeere" bekannt. Er wächst wild, und zwar hauptsächlich an den Küsten der indopazifischen Region, oft unmittelbar am Wasser. Die Pflanze hat große, glänzend ledrige gegenständige Blätterpaare und dicht besetzte Blütenstände, von denen jeweils eine kleine (1 cm) weiße Blüte hervortritt.

Die **Frucht** der Morinda misst etwa 6 cm im Durchmesser und ähnelt einem kleinen, knubbeligen Ball. Einige lederzähe Typen im westpazifischen Raum verspeisen die grünlich-weiße reife Frucht mit augenscheinlichem Behagen, doch man benötigt starke Magennerven dafür.

Die Frucht mag vielleicht ganz angenehm schmecken – wenn man sie erst einmal an der Nase vorbeibugsiert hat. Die Wahrscheinlichkeit, auf halbem Weg passen zu müssen, ist jedoch groß. Spätestens dann nämlich, wenn der **kraftvolle käsige Geruch,** den die Frucht verströmt, das Riechorgan erreicht und eine unwiderstehliche Welle von Brechreiz hervorruft.

Immerhin können jedoch die **jungen Blätter** der Morinda ohne krause Nasen verzehrt werden. Wie ihr lateinischer Name andeutet, besitzen sie einen angenehm säuerlichen Geschmack und sie lassen sich sowohl roh als auch gekocht essen. In Südostasien verwendet man sie gern, um Fischsuppen eine frische Note zu verleihen.

Abb.: ed 044ef

Netzannone

ANNONA RETICULATA

Die auch als Ochsenherz oder Rahmapfel bekannte Frucht stammt aus Südamerika und ist heute in **tropenweiter Kultivierung** zu finden. Sie stellt in etwa ein Mittelding zwischen dem Sauersack und der Schuppenannone (s. u.) dar, wird aber von Tropenbewohnern weniger geschätzt als diese beiden Arten.

Die **Frucht** ist grob herzförmig und dunkelgrün mit flachen Aufwölbungen. Sie wird geerntet, sowie sie gerade weich zu werden und einen rötlichen Schimmer anzunehmen beginnt. Nach 1–2 Tagen ist sie verzehrbereit. Sie lässt sich dann leicht auseinanderdrücken. Das Fruchtfleisch löffelt man aus der Schale. Die Kerne sind nicht essbar, man spucke sie aus.

Mit Zitronensaft frisch halten

Das Fruchtfleisch der geöffneten Netzannone verfärbt sich leicht schwarz und sieht dann unappetitlich aus. Mit Zitrussaft lässt sich dieses Manko beheben.

045ef Abb.: rh

Pandanus

Pandanus tectorius

Der deutsche Name **Schraubenpalme** beschreibt die Pflanze in zweierlei Hinsicht korrekt und anschaulich. Die Segmente des Stammes winden sich von Luftwurzeln 3–5 m spiralig empor, um in eine palmenartige Krone aus mehreren Schöpfen zu münden. Diese bestehen aus meterlangen, schmalen und scharfgezackten Blättern, die vielerorts zur Herstellung von Flechtmatten verwendet werden.

Es gibt **viele Arten** von Schraubenpalmen. Manche sind riesige Exemplare und wachsen im Dschungel. Sie tragen Früchte, die z. B. in Neuguinea als Grundnahrung dienen, vor dem Verzehr aber erst geröstet werden müssen. P. tectorius ist eine der häufigsten Arten. Sie wächst im gesamten indopazifischen Raum direkt am Meeresufer, oft in flächigen, verfilzten Dickichten. Die Blätter einer anderen Art, P. odoratissimus, werden mit Reis gekocht, um diesem mehr Aroma zu verleihen.

Die richtige Reife

Bei Reife nehmen die Früchte eine einladende orangegelbe Farbe an.

Pandanus wird (wegen einer entfernten äußerlichen Ähnlichkeit) mitunter auch als **„Brotfrucht"** bezeichnet. Das ist falsch. Beide Pflanzen haben nichts miteinander zu tun.

Die **Früchte,** nur wenige pro Pflanze, ähneln einer Ananas, setzen sich jedoch aus vielen harten Segmenten zusammen, die in ein zentrales Mark münden. Man spricht deshalb (wie bei der Kokosnuss) von einer „Steinfrucht".

Wenn die Frucht reif ist, lassen sich die Segmente leicht entfernen und die weichen Teile (nicht das Zentralmark) essen oder zumindest auslutschen. Denn viel gibt die Schraubenpalmenfrucht nicht her und ist somit kaum mehr als ein Survivalgewächs für einen bedürftigen Robinson. Manche Früchte mögen beim Verzehr etwas im Hals kratzen. Dies ist kein Hinweis auf etwaige Gefährlichkeit.

Papaya

CARICA PAPAYA

Die Papaya stammt aus dem tropischen Amerika. Schon Kolumbus nannte die Pflanze den **„Baum des Lebens".** Sie ist heute über die gesamten Tropen (und Subtropen) verbreitet und kommt sowohl in Kultivation als auch verwildert vor. An der 2–6 m hohen Pflanze wachsen ganze Trauben von (bis zu 9 kg schweren) Früchten, die zum Besten zählen, das die tropische Botanik anzubieten hat. Wegen der Größe der Früchte wird die Pflanze auch „Melonenbaum" genannt. Sie ist aber weder Melone noch Baum, sondern gilt botanisch als Kraut.

Die richtige Reife

Optimal verzehrbereit sind Papayas, wenn die Schale 2–3 Tage nach der Ernte zu 80 % einen schwach gelblichen Farbton angenommen hat oder mit gelblichen Flecken gesprenkelt ist. Die Frucht muss dem Daumendruck dann leicht nachgeben.

Papaya als Obst

Papayas werden grün geerntet und reifen dann noch einige Zeit nach. Um die richtige Essreife anzunehmen, verlangen Papayas nach hoher Luftfeuchtigkeit. Das bedeutet, dass **importierte Früchte** in nördlichen Ländern nicht gut nachreifen und wenig überzeugend schmecken. Sehr harte oder grüngelbe schrumpelige Exemplare reifen überhaupt nicht mehr nach. In hiesigen Geschäften gekaufte Papayas sollten bereits reif, d. h. per Luftfracht eingeführt sein. Trotzdem munden sie hier weit weniger gut als in ihren Herkunftsländern.

Im reifen Stadium ist die Papaya vor allem ein köstlicher **Frühstücksbeitrag (auch bei Kater!)**, vorzugsweise gut gekühlt und mit ein paar Tropfen Limonensaft serviert. Die Frucht der Länge nach halbieren, die Kerne entfernen und das (gelbe bis lachs- oder rosarote) Fleisch herauslöffeln.

Manche Traveller kauen die **Kerne** wie Bonbons. Sie haben einen leicht pfeffrigen Geschmack und sind nicht jedermanns Sache, wirken jedoch verdauungsfördernd und antiparasitär.

Exzellent sind Papayas auch als **Bestandteil von Obstsalaten.** Das Fruchtfleisch sollte hierfür gerade noch fest genug sein, um es würfeln zu können. **Püriert** geben sie einen feinen Grundstoff für alle möglichen Mixgetränke und Sorbets ab. Selbst mit Räucherlachs und Meerrettichsauce kann man Papaya zur Bereicherung der Kulinarik servieren.

Ein globales Rezept
2 doppelt faustgroße grüne Papayas schälen und auf Größe von Apfel-Achteln schneiden. Mit Salz durchkneten, um Milchsaft und Wasser zu extrahieren, abspülen. Dann wie bekanntes Gemüse (z. B. Kohlrabi) in Hühnersuppe o. ä. verwenden oder in Kokosmilch (siehe dort) kochen.

„Philippinisches Sauerkraut“ (atsara)
Grüne Papayas zunächst wie oben behandeln, dann in feine Streifen raspeln. Mit Knoblauch, Perlzwiebeln, Ingwer und/oder Gelbwurz (Kurkuma) und Pfefferschoten in abgekochten Kokosessig einlegen. Nach 12 Stunden verzehrbar. Hält sich mindestens eine Woche. Lecker!

Papaya als Gemüse

In fast allen Tropenländern bereitet man **mit grünen, harten Papayas** schmackhafte Gemüsegerichte. Männliche **Blüten** und junge **Blätter** kann man auch (kurz angekocht) als Salat zubereiten.

Papaya als Medizin

Papayas sind hochwertige Quellen von **Vitaminen und Mineralstoffen.** Sie enthalten Vitamin A, viel Vitamin C und Kalium (Hitzeregulator) sowie auch wesentliche Quantitäten von Kalzium, Eisen, Phosphor und den ersten drei Vitaminen der B-Gruppe. Der Kaloriengehalt ist sehr gering – also ein echter Schlankmacher.

Die Frucht spielt ebenfalls eine wichtige Rolle bei der Behandlung diverser Krankheiten. Der dabei wirksame Heilsbringer ist das **Enzym Papain,** das vor allem in der unreifen Frucht vorkommt. Papain ist Bestandteil des weißen Milchsafts, der beim An-

047ef Abb.: rh

schneiden der Pflanze hervorquillt, und kann nach dem Prinzip „Enzym gegen Enzym" mitunter sehr nutzbringend eingesetzt werden.

Der mit den körpereigenen Magenenzymen Pepsin und Trypsin verwandte Stoff gilt nicht nur als **verdauungs- und gallefördernd** (Papayas auf dem Speiseplan, beobachtete bereits Kolumbus, werden mit den widerborstigsten Nahrungsmitteln fertig), setzt chronischer Verstopfung ein mildes Ende, hält Magen und Darm **parasitenfrei,** beeinflusst Leber- und Milzprobleme lindernd und wirkt günstig auf die Bauchspeicheldrüse, was latenten Diabetikern zugute kommt.

Passend kaufen

Wenn man eine Papaya auf dem Markt kauft, sollte man den Zeitpunkt des geplanten Verzehrs genau bestimmen (z. B. „morgen zum Frühstück"). Die Marktfrau wird dann ein Exemplar mit genau dem richtigen Reifegrad heraussuchen. Um den Reifevorgang zu beschleunigen, kann man die Früchte in trockenem Reis vergraben.

Auch der menschlichen **Haut** tut Papaya offenbar gut. Präkolumbische Karaiben benutzten das reife Fruchtfleisch für kosmetische Zwecke. Sie sollen deshalb einen bemerkenswert schönen Teint besessen haben.

Papain machte 1977 internationale Schlagzeilen, als Ärzte in London eine **nicht heilende Wunde** in letzter Verzweiflung mit einer Papaya-Kompresse versahen. Der Patient genas. Im sauren Milieu akuter Entzündungsprozesse sind so genannte pflanzliche Proteasen (zu denen das Papain zählt) höchst effektiv, weil sie die Eiweißketten aufspalten, mit denen weiße Blutkörperchen sich im Entzündungsbereich andocken. Dieserart wird eine Verschlimmerung unterbunden. In der Heilungsphase beschleunigen die Enzyme dann die Rückbildung in den Normalzustand.

Vielfach wird geglaubt, Papain mache das männliche Fleisch schwach. Katholiken nennen die Frucht deshalb auch „Priester-" oder „Seminaristen-Nahrung" – eine Legende ohne Wahrheitsgehalt.

Lebensrettende Papaya

Mein Sohn war beim Schwimmen auf den Philippinen in einen ganzen Schwarm der tropischen **Killerqualle** Chironex fleckeri geraten. Purpurne Striemen bedeckten ihn über und über, als er aus dem Wasser gezogen wurde. Nach dem normalen Ablauf der Dinge hätte er jetzt innerhalb von Minuten sterben müssen.

Ein einsamer Papayabaum wuchs am Strand. Einige schnelle Schnitte und der weiße **Milchsaft** perlte hervor. Auf die Haut aufgetragen, brachte er die Striemen umgehend zum Verschwinden. Binnen Minuten war der Junge nachwirkungsfrei wieder hergestellt. „Enzym (Papain) gegen Enzym (Nesselgift)"! Glück gehabt, dank Papa(ya)!

Lebensbedrohende Papaya

Extrakte aus Papaya befinden sich **in zahlreichen Substanzen unseres täglichen Lebens:** z.B. als

Fleischweichmacher, Zusätze in Lebensmitteln, Zahnpasten (Papain zersetzt Speisepartikel), Kosmetika und sogar Kontaktlinsen-Reinigern.

Weil Papain Knorpelgewebe auflöst, kommt es auch bei Bandscheibenbehandlungen (als Chymopapain) zur Anwendung. Unter Umständen kann dadurch eine teure und schwierige Operation vermieden werden. Da manche Patienten (ungefähr jeder 200.) aber durch den täglichen Papainbeschuss **gegen Papain überempfindlich geworden** sind, können sich bei seiner geballten Anwendung schwere Allergieschocks einstellen. Dann heißt es Skalpell statt Spritze – eine Konsequenz der allgegenwärtigen Manipulation unserer Verbrauchsgüter durch die Industrie.

Passionsfrucht

PASSIFLORA EDULIS

„Mit Passionsfrüchten ist es wie mit Großmüttern – je runzliger, desto besser." Das sagen Kenner dieser aus dem Amazonasgebiet stammenden Schlingpflanze, die mit zwei Gattungen und über 500 Arten weltweit in den Tropen und Subtropen vertreten ist. Und: **„Passionsfrüchte schmecken nach den Tropen"**, fügen sie hinzu, denn man kann geschmackliche Nuancen von Ananas, Guave, Mango und Limone ausmachen – ein höchst appetitlicher Mix. Der Geruch allein ist enorm verlockend.

Die Herkunft des Namens

Wegen des Wortes „Passion" (= Leidenschaft) wird die Pflanze gern mit Aphrodisiaka in Verbindung gebracht. Doch das ist Wunschdenken (obwohl die Frucht durchaus „antörnt"). Nach Überlieferungen wurde der Name Passionspflanze von spanischen Missionaren wegen der außerordentlich dekorativen Blüte geprägt. Die Missionare glaubten in den großen Blütenstempeln die Nägel des Christuskreuzes und in den Staubgefäßen die fünf Wunden Christi zu erkennen.

Zum **Verzehr** schneidet man die – gut gereifte – Frucht von der maximalen Größe einer Zitrone

048ef Abb.: rh

längs durch und löffelt das Fruchtfleisch aus der Hülle. Die Samen von der Größe von Traubenkernen kann man mitessen. Vorzüglich auch für Obstsalate, Mixgetränke – am einfachsten mit Mineralwasser vermischt – und als Bestandteil von Konfitüren.

Die **Maracuja** ist eine Unterart der P. edulis und dieser in jeder Beziehung ähnlich. Sie stammt aus Höhenlagen über 1000 m.

Auch die **Granadilla** (P. lingularis) ist eng verwandt und bevorzugt wie die Maracuja höhere Lagen. Die Schale der „kleinen Granate" wird bei Reife pergamenten und bekommt braune Flecken. Verzehr wie oben.

Die **Curuba** (P. molissima) unterscheidet sich von den anderen Passionsfrüchten nur durch eine läng-

Passionsblumen zu Hause

Mehrere Arten lassen sich auch in hiesigen Breiten im Blumentopf (sommers draußen, winters drinnen) ziehen. Da die Blüten halbsteril sind, müssen immer zwei Pflanzen im Topf sein. Hobbygärtner sollten die Pflanzen nicht zu lange allein lassen, denn sie neigen zu wildem Wuchern und können einen Hinterhofgarten im Nu überschwemmen.

liche Form und säuerlicheren Geschmack. Curubas passen gut als Beilage zu Fleischgerichten.

P. foetida (Bild oben) kommt weltweit wild wachsend vor und bildet „Minikürbisse“ von 2 cm Durchmesser mit kleinen Portionen schmackhaften Fruchtfleisches.

Grüne Passionsfrüchte reifen innerhalb einer Woche bei Zimmertemperatur nach, sind aber nicht so gut wie sonnengereifte. Reife Früchte können 1-2 Wochen im Kühlschrank **aufbewahrt** werden, ohne wesentlich an Qualität zu verlieren.

Es gibt auch Passionsfruchtsaft **in Dosen.** Man sollte ihn aber nie für Rezepte verwenden, die ganze Früchte erfordern, um sich Enttäuschungen zu ersparen.

Es gibt Hinweise darauf, dass die jungen Triebe mancher Passiflora-Arten günstige Wirkungen bei **Diabetes** haben. Andererseits ist das Grün mehrerer Arten giftig (jenes von P. foetida sogar sehr), so dass sich Experimente nicht empfehlen.

051ef Abb.: rh

Physalis

PHYSALIS IXOCARPA, P. MINIMA, P. PERUVIANA

Die Gattung Physalis wächst **wild,** und zwar vornehmlich in offenem Gelände, in trocken gefallenen, sandigen Flussbetten und im Strandhinterland. Das anspruchslose Gewächs ist in den gesamten Tropen in Höhenlagen bis zu 1600 m zu finden. Besonders häufig kommt die Pflanze im östlichen Indien vor.

Ein einfaches Rezept

500 g halbreife Physalis-Früchte, 3 EL Zwiebeln, 3 EL grüner Koriander, 1 mittelgroße Chilischote (ohne Samenkerne), 3 Knoblauchzehen zu einem feinen Brei zerhacken, Salz und Pfeffer zufügen. Gut mischen und kalt stellen, falls kein umgehender Verbrauch erwünscht ist. Zu gekochtem Reis essen.

Physalis ixocarpa ist ein aufrechter, verzweigter, leicht behaarter, einjähriger Strauch von 0,5-0,8 m Höhe. Ein auffälliges Merkmal bilden die ungefähr herzförmigen hohlen **Fruchtkapseln** von 2-3 cm Durchmesser. Diese violett geäderten, grünen „Lampions" enthalten die **Früchte:** kleine Murmeln, die Miniatur-Tomaten ähneln und sowohl grün als auch reif wie richtige Tomaten verwendet werden können. Im Freien kann man die kleinen Früchte direkt vom Strauch essen.

Sie werden auch für die Herstellung der so genannten **salsa verde** (grüne Sauce) herangezogen, einer höchst schmackhaften Beigabe zu Fleischgerichten und Tacos.

Physalis wird auch angebaut, in ansehnlichem Maße in Südafrika (weshalb man die Frucht auch **„Kapstachelbeere"** nennt), und ist nicht selten in hiesigen Läden zu sehen. Hier gekaufte Früchte sind, weil schon reif, besonders gut für Obstsalate, Rumtöpfe, Torten und feine Konfitüren.

Vitamine (pro 100 g Fruchtfleisch): 3000 I.E. A, 30 mg C, 2,8 mg B12 („Fleischvitamin"). Der indische Wissenschaftler K. M. Nadkarni führt aus, dass die Früchte (auch der eng verwandten P. minima) „ein abgenutztes System mit neuer Kraft erfüllen und vorzeitigem Verfall vorbeugen" – also offenbar eine sehr gesunde Sache.

Reife Früchte **halten sich** bei kühler Lagerung mindestens zwei Tage.

Früchte zerschneiden

Für Salate, Rumtöpfe oder Torten verwendete reife Früchte müssen geöffnet (durchstochen oder zerschnitten) werden, um ihren Saft abgeben zu können.

Rahmapfel

ANNONA CHERIMOLA

Die auch als Cherimoya oder Zuckerapfel bekannte Pflanze stammt aus den Anden und war den Inkas bereits wohlbekannt. Inzwischen ist sie **(in kühleren Hochlagen)** weit über die Tropen verbreitet. In Asien wird sie insbesondere in Thailand und Indonesien angebaut.

Die richtige Reife

Optimale Reife liegt vor, wenn die Frucht sehr weich ist.

Kenner zählen die den an anderer Stelle beschriebenen Netz- und Stachelannonen ähnliche Frucht mit ihrem an Ananas, Erd- und Himbeeren erinnernden Geschmack **zu den besten Früchten der Welt.**

Zum **Verzehr** schneidet man sie der Länge nach durch und löffelt das Fruchtfleisch heraus. Die Kerne ausspucken. Sie sind ungenießbar. Gekühlte Rahmäpfel schmecken am besten.

Einfachste Rezepte

Gekühltes Cherimoya-Fruchtfleisch mit einem Schuss Orangensaft gibt ein köstliches Dessert ab. Auch mit Eiskrem vermischt ist die Frucht ausgesprochen lecker.

Die aufgeschnittene Frucht verfärbt sich rasch dunkel. Zitrussaft beugt der Verfärbung vor. Reife Rahmäpfel sind sehr empfindlich und halten sich nicht lange. Sie sollten innerhalb von 1–2 Tagen verzehrt werden. Eine Aufbewahrung im Kühlschrank ist nicht zu empfehlen, und wenn, so sollte das Fruchtfleisch mit Zitronensaft vermengt werden.

Atemoyas sind Kreuzungen aus Cherimoya und Schuppenannone.

Rambutan

Nephelium lappaceum

Vom **Aussehen** her ist Rambutan die vielleicht exotischste Frucht in diesem Buch. Nach Aufbau und Größe ähnelt sie der Frucht der Rosskastanie, doch dann endet die Vergleichbarkeit. Die bei Reife knallrote bis orangegelbe Frucht ist dicht an dicht mit festen „Haaren" besetzt. (Daher stammt auch ihr Name: „rambut" auf malaiisch bedeutet „Haar".)

Der aus **Südostasien** stammende, bis zu 20 m hohe Rambutan-Baum ist in vielen tropischen Ländern zu finden, weitaus am meisten aber in seiner alten Heimat. Zur Erntezeit quellen die Märkte von den Früchten über, ein farbenprächtiger Anblick.

Die feste, aber dünne **Schale** lässt sich leicht mit dem Daumennagel aufknacken. Innen bietet sich ein appetitliches, glasiges **Fruchtfleisch** dar, das (relativ lose) einen dicken Kern umhüllt. Es ist nicht sehr saftig, aber ansprechend knackig und von herbsüßem Geschmack. Rambutan ist eine von je-

Die richtige Reife

Bei Essreife hat auch der Bart die knallrote bis orangegelbe Farbe der Frucht.

nen Früchten, die man nicht aufhören kann zu essen, wenn man einmal angefangen hat. Kein Problem: Sie ist leicht verdaulich und die ganze Zeit nimmt man jede Menge Vitamin C zu sich.

Rambutans **reifen nicht nach,** sondern beginnen alsbald zu verrotten. Die Frucht wird dann immer dunkler und das Fleisch flüssiger. Beim Öffnen spritzt es mitunter schon hervor und befleckt die Kleidung. In diesem Stadium wird Rambutan sauer und alkoholisch, vom Kauf ist dann abzusehen.

Rambutan **hält sich** mehrere Tage bei Zimmertemperatur und mindestens eine Woche im Kühlschrank.

053ef Abb.: gu

Salak

SALACCA ZALACCA

Salak stammt von einer bis zu 5 m hohen, fast stammlosen **Palme mit dornenarmierten Wedeln** und ist in Südostasien (Indonesien, Malaysia, südl.

Philippinen) beheimatet. Über diesen Raum hinaus, in dem S. zalacca vornehmlich als Schutzhecke angebaut wird und die Frucht als willkommenes Nebenprodukt gilt, hat die Pflanze keine Verbreitung gefunden – vielleicht wegen der vielen scharfen Dornen, die die Ernte mühsam machen.

Das Äußere der in großen Trauben auftretenden, tropfenförmigen Frucht erinnert an ein mit braunem Schlangenleder überzogenes Ei. Die Salak mit ihren richtigen kleinen Schuppen heißt im Deutschen deshalb auch **„Schlangenhautfrucht"**.

Unreif ist die Frucht wegen eines hohen Gerbsäuregehalts stark adstringierend. Bei (etwas schwierig zu bestimmender) **Reife** entwickelt sich jedoch ein nicht sehr süßer, so doch angenehmer Eigengeschmack. Die zwiebelartig dünne, fast papierne Schale lässt sich dann leicht öffnen und gibt ein aus mehreren Segmenten bestehendes, weißes, wachsiges **Fruchtfleisch** mit je einem soliden zentralen Kern frei, das sich aus der Hand essen lässt.

Santol

SANDORICUM KOETJAPE

Die **Früchte** des südostasiatischen Baums ähneln orangengroßen Aprikosen, und nach Orange-Aprikose schmeckt Santol auch ein wenig. Bekannt ist die Frucht nicht sehr. Auf den Philippinen benutzt man sie zur Säuerung von Suppen; als Obst hat sie keine große Bedeutung. Das liegt vor allem daran, dass die Santol nicht viel Inhalt aufweist.

Um 2–3 dicke Kerne gruppiert sich einiges weißes, etwas faseri-

Die richtige Reife

Auch die richtige Reife von Santol ist schwer zu bestimmen. Die dünn behaarte Frucht wird bei zunehmender Reife etwas gelblich, viel weicher wegen der dicken Schale aber nicht. Vorzugsweise lässt man sich auf dem Markt erst einmal beraten, denn eine Kostprobe von einer unreifen Santol ist höchst unvergnüglich.

ges, erfrischend süßsaures **Fruchtfleisch,** das man am besten verzehrt, indem man die Kerne wie Bonbons lutscht.

Bei Zimmertemperatur lassen sich reife Früchte etwa eine Woche **aufbewahren.**

Sauersack

ANNONA MURICATA

Die Frucht heißt auch **Stachelannone** und ist damit korrekt beschrieben, denn die Schale ist mit stachligen (nicht scharfen) Noppen besetzt, die ihr ein igeliges Aussehen verleihen.

Aber ist Sauersack nicht ein viel schönerer Name? Wir verdanken den **Namen Sauersack** übrigens den Holländern, die den Begriff „zuur zak" prägten. Man nennt die aus dem tropischen Südamerika stammende, bis zu 3 kg schwere Frucht so, weil sie bei voller Reife in der Tat einem ledrigen

055ef Abb.: rh

Sack ähnelt. Und weil das Fruchtfleisch von erfrischend säuerlichem Geschmack ist – absolut deliziös!

Der saure Sack hängt nur in wenigen Exemplaren an einem kleinen Baum und wird **geerntet,** wenn die Schale sich dunkel verfärbt.

Wenn die Frucht reif ist, lässt sie sich leicht in zwei Hälften drücken. Das etwas faserige, aber sehr **saftige Innere** gabelt man heraus. Die zahlreichen **Kerne** nicht mitessen. Sie sind giftig. (Wer einen verschluckt, stirbt aber nicht. Der Kern geht glatt durch.) Das weiße **Zentralmark** entferne man ebenfalls; es hat keinen Geschmack.

Die Frucht schmeckt prima in Milchshakes und Eiskrem oder einfach als Saft. Zitrussaft beugt braunen Verfärbungen vor. Viele davon zeigen zunehmende Verrottung an.

Die richtige Reife

2-3 Tage nach der Ernte wird die Frucht immer weicher und sinkt letztlich fast in sich zusammen – die richtige Verzehrreife. Diese ist nicht leicht zu bestimmen. Auf dem Markt lasse man sich am besten eine Frucht heraussuchen, indem man den Zeitpunkt des geplanten Verzehrs angibt.

056ef Abb.: rh

Schuppenannone

ANNONA SQUAMOSA

Auch **Süßsack, Zimt- oder Zuckerapfel.** Zuerst wahrscheinlich in Südamerika beheimatet, ist diese Baumfrucht heute in den ganzen Tropen und hauptsächlich in Südostasien zu finden.

Die etwa faustgroße **Frucht** ähnelt stark der Netzannone (s.o.), besitzt jedoch ein viel ausgeprägteres, dickes, grünes Schuppenkleid. Bei zunehmender Reife wird die Schale dunkler, aber nicht wesentlich. (Überwiegend schwarz verfärbte Früchte sind vertrocknet und nicht mehr essbar.)

Man **erntet** die Frucht, wenn sie gerade weich zu werden beginnt und lässt sie auf nachgiebiger Unterlage liegen, bis sie fast in sich zusammensinkt. Unter Fingerdruck fällt die Frucht fast auseinander.

Alsdann löffelt man das süße, sahnige **Fruchtfleisch** aus der Schale und spuckt die zahlreichen harten Kerne aus.

Reife Früchte **halten sich** 2–3 Tage bei Zimmertemperatur und bis zu 2 Wochen im Kühlschrank.

Das Innere der **Samenkerne ist giftig.** (Eine Paste daraus wird von Naturvölkern gegen Kopfläuse verwendet.) Ein verschluckter Kern bewirkt aber keine ernsten Komplikationen.

057ef Abb.: pf

Sternapfel

CHRYSOPHYLLUM CAINITO

Der Sternapfel stammt aus dem tropischen Amerika und ist in Asien ein relativer Neuling. Trotzdem findet man ihn in manchen südostasiatischen Ländern in jedem Dorf und er wird wegen seiner schmackhaften Früchte auch **immer häufiger angebaut.**

Der bis zu 15 m hohe Baum ist reich tragend mit **Früchten** von 6-10 cm Durchmesser. Sie sind blassgrün und bleiben es auch bei Reife. (Manche Varietäten nehmen dann allenfalls einen mehr oder minder ausgeprägten violetten Schimmer an.) Man erntet sie, wenn sie gut weich sind – oder wenn sie schlicht und einfach vom Baum fallen.

Schneidet man die Frucht quer durch, zeigt sich ein sternartiges Profil des glasigen Fruchtfleisches – daher der **Name.**

Zum **Verzehr** halbiert man den Sternapfel jedoch der Länge nach und löffelt das fruchtige Innere aus den Schalen. Die Kerne spuckt man aus. Violette Verfärbungen des Fruchtinneren sind normal und geben keinen Hinweis auf Ungenießbarkeit.

Sternäpfel reifen bei Zimmertemperatur in 2-3 Tagen nach, grüne, harte Früchte bleiben jedoch unreif. Reife Exemplare lassen sich auch gut im Kühlschrank aufbewahren.

Milchsaft entfernen

Die Frucht sondert bei Anschnitt vor allem aus der Schale einen weißen Milchsaft ab. Dieser ist auch im Inneren präsent und beim Essen des Fruchtfleisches bleibt er unweigerlich an den Lippen (und etwaigen Bärten) kleben. Der Saft ist ungiftig und geschmacklos, aber lästig, weil er sich nicht abwaschen lässt. Speise- oder Kokosöl entfernt ihn jedoch mühelos.

Taesa

POUTERIA CAMPECHIANA

Der mexikanische Golf von Campeche ist in dem lateinischen **Namen** verborgen und dorther stammt der bis zu 15 m hohe Baum auch. Im tropischen Asien ist er jedoch so selten, dass man ihn fast ausschließlich unter der philippinischen Bezeichnung Taesa kennt.

Die Ähnlichkeit mit dem Mangobaum ist verblüffend, obwohl keine Verwandtschaft besteht. Auch die **Frucht sieht der Mango sehr ähnlich.** Sie ver-

Die richtige Reife

Nach der Ernte empfehlen sich 1-2 Tage Nachreife, bis die Frucht ziemlich weich ist. Vorher hat sie nicht viel Geschmack.

058ef Abb.: rh

färbt sich bei Reife ebenfalls gelb und kann dann geerntet werden.

Wenn die Frucht reif ist, schneide man sie entlang der Schmalseiten der Länge nach durch und entferne den Kern. Das **Fruchtfleisch** löffele man heraus. Es schmeckt bei richtiger Reife gekochten Süßkartoffeln sehr ähnlich, mit einer feinen zusätzlichen fruchtig-cremigen Nuance.

Tamarinde

TAMARINDUS INDICA

Ursprünglich aus Ostafrika stammend, dann durch Araber nach Indien verbracht (arab. tamr hindi = „indische Dattel"), ist die Tamarinde heute tropenweit verbreitet.

Es handelt sich um einen großen Baum mit fein gefiedertem Blattwerk und langen (20 cm) **Schoten,** in denen von rotbraunem Fruchtfleisch umgebene Samen stecken.

Die richtige Reife
Das Fruchtfleisch ist reif und essbar, wenn die zunächst grüne und leicht beflaumte Schote braun und brüchig wird.

059ef Abb.: kw

Das **Fruchtfleisch** enthält viel Kalzium und Phosphor sowie die ganze Reihe der B-Vitamine – ein wahrer **Gesundbrunnen!**

Man kann das Fruchtfleisch aus den Schoten lutschen oder auch konzentriert verpackt oder **zu Sirup eingedickt** auf dem Markt erstehen. Es passt vorzüglich zu Chutneys, Currys, Saucen und Barbecues und wird auch vielerorts als gezuckertes Konfekt angeboten. In Südostasien ist Tamarinde (einschließlich der Blätter und jungen Schoten) auch oft Bestandteil von Fisch- und Gemüsesuppen, wenn ein säuerlicher Geschmack erwünscht ist.

In Wasser eingelegtes Fruchtfleisch (1 Tasse pro Liter), eine Stunde stehen gelassen, ergibt einen sehr geschmackhaften Drink. Etwas Zucker und Limone kann man nach Belieben hinzufügen. Die Fruchtstücke sollte man vor dem Servieren entfernen. Sie sehen nach einer Zeit lang im Wasser treibenden Exkrementen verzweifelt ähnlich ...

Tamarindenkonzentrat, auf Tour mitgenommen, gibt einen prima Reiseproviant ab.

Zitrusfrüchte

CITRUS SP.

Es würde zu weit führen, die zahlreichen Mitglieder der Zitrusfamilie, die im asiatischen Raum heimisch sind und sich von bekannten importierten Sorten nicht grundsätzlich unterscheiden, an dieser Stelle einzeln zu beschreiben. **Clementine, Grapefruit, Kalamansi, Limette, Limone, Mandarine, Orange, Pampelmuse, Pomelo, Pomeranze, „Sweety", Tangerine, Ugli** – sie alle sind hochwertige Früchte, die auf tropischen Märkten in großen Mengen angeboten werden und in regionalen Küchen freizügig zur Verwendung kommen. Auch wenn man mal die eine mit der anderen verwechseln sollte – falsch machen kann man kaum etwas.

Alle Zitrusfrüchte enthalten reichlich **Vitamine** (Vitamin C, B1 und B2) und zudem **enzymatische Vitaminverstärker,** die die Wirkung vervielfachen. Sie beugen fortschreitender Arthrose vor, stärken das Zahnfleisch und neutralisieren, obwohl das vielleicht paradox klingen mag, Säuren, einschließlich eines Überschusses im Magen.

Große Anteile von **Kalium** (z.B. Grapefruit: 181 mg/100 g) sorgen für gute Temperaturverträglichkeit des Essers – also gerade richtig für die heißen Tropen!

Die richtige Reife

Tropische Orangen und alle zitronenartigen Früchte bleiben bei Reife grün, nehmen allenfalls einen winzigen Gelbschimmer an. Bei voller Gelbfärbung sind diese Arten bereits der Verrottung nahe und nicht mehr verzehrbar.

060ef Abb.: gu

Abb.: gu 061ef

Anhang

Deutsch/Latein	Englisch	Indonesisch
Ananas	*pineapple*	*nanas*
ANANAS COMOSUS		
Avocado	*avocado*	*adpukat*
PERSEA AMERICANA		
Balsamapfel	*bitter gourd*	*peria*
MOMORDICA CHARANTIA		
Banane	*banana*	*pisang*
MUSA PARADISIACA		
Bilimbi	*bilimbi*	*belimbing wuluh*
AVERRHOA BILIMBI		
Breiapfel	*naseberry, chico*	*sawo manila*
MANILKARA ZAPOTA		
Brotfrucht	*breadfruit*	*sukul timbul*
ARTOCARPUS COMMUNIS		
Cereza	*Jamaica cherry*	*ceri*
MUNTINGIA CALABURA		
Ciruela	*Spanish plum*	*kedondong seberang*
SPONDIAS PURPUREA		
Durian	*durian*	*duren*
DURIO ZIBETHINUS		
Feige	*fig*	*balete*
FICUS CARICA		
Granatapfel	*pomegranate*	*delima*
PUNICA GRANATUM		
Guave	*guava*	*jambu biji*
PSIDIUM GUAJAVA		
Jackfrucht	*jackfruit*	*cempedak nangka*
ARTOCARPUS HETEROPHYLLUS		
Javaapfel	*java apple*	*jambu air*
SYZYGIUM JAVANICUM		
Javapflaume	*java plum*	*jamblang*
SYZYGIUM CUMINI		
Jubube	*jujuba*	*widara*
SYZYPHUS JUJUBA		

Malaiisch	**Pilipino**	**Thai**	**Vietnamesisch**
nanas	*pinya*	*sapbarot*	*dúa, thom*
avokado	*abukado*	*awokado*	*bơ*
peria	*ampalaya*		
pisang	*saging*	*kluai*	*chuối*
belimbing	*kamias*	*taling pling*	*khê tau*
ciku	*chico*	*lamut*	*xabôchê*
sukun	*kamansi, rimas*	*sakae*	*sakê*
kerukup siam	*datiles*	*thakop farang*	*trúng cá*
kedondong	*sineguelas*		
durian	*durian*	*thurian*	*sâù riêng*
buah ara		*makhoea*	
delima	*granada*	*thapthim*	*lu'u*
jambu	*bayabas*	*farang*	*oi*
nangka	*langka*	*khanun makmi*	*mít*
jambu air mawar	*makopa*	*chomphu-khieo*	*man*
jambulana	*duhat*	*wa*	*vôi rung*
bidara	*mansanitas*	*phutsa*	*tao*

Deutsch/Latein	Englisch	Indonesisch
Karambole	*carambola*	*belimbing manis*
AVERRHOA CARAMBOLA		
Kaschu	*cashew*	*jambu mede*
ANACARDIUM OCCIDENTALE		
Kiwi	*kiwi*	
ACTINIDIA CHINENSIS		
Kokosnuss	*coconut*	*kelapa*
COCOS NUCIFERA		
Langsat	*langsat*	*duku*
LANSIUM DOMESTICUM		
Litschi	*lychee*	*lici*
LITCHI CHINENSIS		
Longan	*longan*	*lengkeng*
DIMOCARPUS LONGAN		
Mango	*mango*	*mangga*
MANGIFERA INDICA		
Mangostane	*mangosteen*	*manggis*
GARCINIA MANGOSTANA		
Melone	*cantaloupe, melon*	*melon*
CUCUMIS MELO		
Morinda	*Indian mulberry*	
MORINDA CITRIFOLIA		
Netzannone	*custard apple*	*buah nona*
ANNONA RETICULATA		
Pandanus	*screw pine*	*pandan*
PANDANUS TECTORIUS		
Papaya	*papaya (amerik.)*	*pepaya*
CARICA PAPAYA	*pawpaw (brit.)*	
Passionsfrucht	*passion fruit*	*buah negiri*
PASSIFLORA EDULIS		
Physalis	*cape gooseberry*	*ceplukan*
PHYSALIS IXOCARPA		
Rahmapfel	*cherimoya*	*srikaya*
ANNONA CHERIMOLA		

Malaiisch	**Pilipino**	**Thai**	**Vietnamesisch**
belimbing manis	*balimbing*	*ma fueang*	*khê*
jambu monyet	*kasuy*	*mamuang himaphan*	*dao lon hot*
	kiwi		*chim kivi*
kelapa	*niyog*	*maplau*	*qua dùa*
langsat	*lansones*	*langsat*	*bòn-bon*
laici	*litsi*	*linchee*	*vai*
lengkeng	*longan*	*lamyai pa*	*nhan*
mangga	*mangga*	*mamuang*	*xoài*
manggis	*mangostan*	*mangkhut*	*cay mang cut*
melon	*melon*	*taeng*	*dataŷ*
	bankoro		
nona kapri	*anonas*	*noinang*	*binh bat*
	pandan		
papaya	*papaya*	*malakor*	*du du*
buah susu	*pasionarya*	*linmangkon*	*chùm bap*
	pantog-pantugan	*gusboeri*	
nona srikaya	*atis*	*noina austrelia*	*na*

Deutsch/Latein	Englisch	Indonesisch
Rambutan	*rambutan*	*rambutan*
Nephelium lappaceum		
Salak	*salak*	*salak*
Salacca zalacca		
Santol	*santol*	*kecapi*
Sandoricum koetjape		
Sauersack	*soursop*	*sirsak*
Annona muricata		
Schuppenannone	*sweetsop*	*sirkaya*
Annona squamosa		
Sternapfel	*star apple*	*sawo ijo*
Chrysophyllum cainito		
Taesa	*egg fruit*	
Pouteria campechiana		
Tamarinde	*tamarind*	*asam*
Tamarindus indica		
Zitrus	*citrus*	*jeruk*
Citrus sp.		

Anmerkung:

Die aufgeführten Früchtenamen sind die in den jeweiligen Nationalsprachen gebräuchlichsten Begriffe, mit denen man im Al[...] am besten bedient ist.

Darüber hinaus gibt es vornehmlich in Indonesien und auf den Philippinen Hunderte von regionalen Bezeichnungen, die sich zum Teil sogar überschneiden.

Malaiisch	**Pilipino**	**Thai**	**Vietnamesisch**
rambutan	*rambutan*	*ngoh*	*chôm chôm*
salak	*salak*	*sala*	
sentul	*santol*	*kra thon*	*sâú*
durian belanda	*guayabano*	*thurian-thet*	*mang cau xiem*
nona sri kya	*atis*	*noina*	*na*
sawo duren	*caimito*	*sataa appoen*	*cây vú sua*
	taesa		
asam jawa	*sampalok*	*makham*	*me*
limau	*limon*		*cam*

Früchtenamen Latein – Deutsch

Actinidia chinensis	Kiwi
Anacardium occidentale	Kaschu
Ananas comosus	Ananas
Annona cherimola	Rahmapfel
Annona muricata	Sauersack
Annona reticulata	Netzannone
Annona squamosa	Schuppenannone
Artocarpus communis	Brotfrucht
Artocarpus heterophyllus	Jackfrucht
Averrhoa bilimbi	Bilimbi
Averrhoa carambola	Karambole
Carica papaya	Papaya
Chrysophyllum cainito	Sternapfel
Citrus sp.	Zitrusfrüchte
Cocos nucifera	Kokosnuss
Cucumis melo	Melone
Dimocarpus longan	Longan
Durio zibethinus	Durian
Ficus carica	Feige
Garcinia mangostana	Mangostane
Lansium domesticum	Langsat
Litchi chinensis	Litschi
Mangifera indica	Mango
Manilkara zapota	Breiapfel
Momordica charantia	Balsamapfel
Morinda citrifolia	Morinda
Muntingia calabura	Cereza
Musa paradisiaca	Banane
Nephelium lappaceum	Rambutan
Pandanus tectorius	Pandanus
Passiflora edulis	Passionsfrucht
Persea americana	Avocado
Physalis ixocarpa	Physalis
Pouteria campechiana	Taesa
Psidium guajava	Guave
Punica granatum	Granatapfel

Salacca zalacca	Salak
Sandoricum koetjape	Santol
Spondias purpurea	Ciruela
Syzygium cumini	Javapflaume
Syzygium javanicum	Javaapfel
Tamarindus indica	Tamarinde
Zizyphus jujuba	Jujube

Literaturtipps

- Brücher, G.: **Tropische Nutzpflanzen.** Springer, Berlin 1977
- Eisemann, F. und M.: **Fruits of Bali.** Amazon 1994
- Gysin, H.-R.: **Tropenfrüchte.** AT Verlag, Aarau 1984
- Hutton, W.: **Tropical Fruits of Asia.** Amazon 1996
- Kranz, B.: **Das Große Buch der Früchte.** Südwest Verlag, München 1981
- Olaya, C. I.: **Frutas Tropicales / Book of Tropical Fruits.** Amazon 1994
- Othmann, Y. und Suranant, S.: **The Production of the Economic Fruits in South-East Asia.** Amazon 1995
- Quisumbing, E.: **Medicinal Plants of the Philippines.** Katha Publishing, Quezon City 1978
- Shaw, Ph.: **Tropical and Subtropical Fruits** (Agriculture and Food Science). Amazon 1998
- Van Aken, N.: **The Great Exotic Fruit Book.** Amazon 1995

Kauderwelsch!

Die **Sprachführer der Reihe Kauderwelsch** helfen dem Reisenden, wirklich zu sprechen und die Menschen zu verstehen. Wie wird das gemacht?

- Die **Grammatik** wird in einfacher Sprache so weit erklärt, dass es möglich wird, ohne viel Paukerei mit dem Sprechen zu beginnen, wenn auch nicht gerade druckreif.
- Alle Beispielsätze werden doppelt ins Deutsche übertragen: zum einen **Wort-für-Wort,** zum anderen in "ordentliches" Hochdeutsch. So wird das fremde Sprachsystem sehr gut durchschaubar. Ohne eine Wort-für-Wort-Übersetzung ist es so gut wie unmöglich, einzelne Wörter in einem Satz auszutauschen.
- Die **Autorinnen und Autoren** der Reihe sind Globetrotter, die die Sprache im Lande gelernt haben. Sie wissen daher genau, wie und was die Leute auf der Straße sprechen. Deren Ausdrucksweise ist häufig viel einfacher und direkter als z.B. die Sprache der Literatur. Außer der Sprache vermitteln die Autoren Verhaltenstipps und erklären Besonderheiten des Reiselandes.
- Jeder Band hat 96 bis 160 Seiten. Zu jedem Titel ist eine begleitende **TB-Kassette** (60 Min) erhältlich.
- **Kauderwelsch-Sprachführer gibt es für über 70 Sprachen in mehr als 120 Bänden!**

Südostasien

Die praktischen Begleiter für die beliebtesten Reiseziele der Region – aktuell vor Ort recherchiert und mit großer Sachkenntnis geschrieben.

Gunda Urban, Peter Rump

Bali, die Trauminsel

552 Seiten, 50 Karten und Pläne, farbiger Kartenatlas, großer Farbteil

Michael Schultze

Laos

456 Seiten, 20 Karten und Pläne, durchgängig illustr., großer Farbteil

Lutterjohann, Homann, Kuster

Malaysia

mit Singapur und Brunei
696 Seiten, 84 Karten und Pläne, durchgehend illustr., großer Farbteil

Rainer Krack

Thailand

816 Seiten, 112 Karten und Pläne, farbiger Kartenatlas, großer Farbteil

H. Kothmann, W.-E. Bühler

Vietnam

588 Seiten, 40 Karten und Pläne, farbiger Kartenatlas, großer Farbteil

Reise Know-How Verlag, Bielefeld

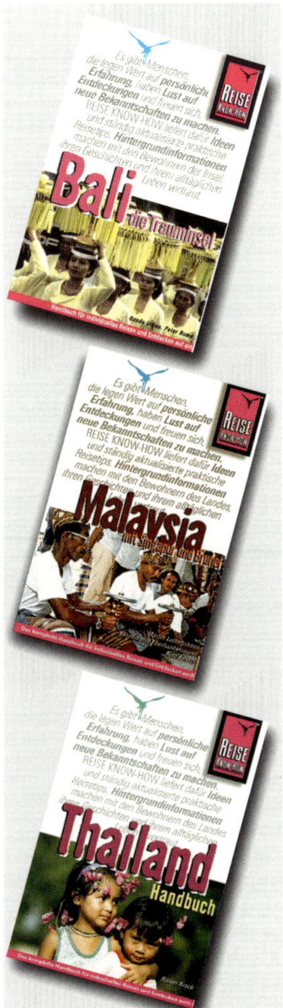

Praxis – die neuen handlichen Ratgeber

Wer seine Freizeit aktiv verbringt und moderne Abenteuer sucht, braucht spezielles Wissen, das in keiner Schule gelehrt wird. REISE KNOW-HOW beantwortet die vielen Fragen rund um Freizeit, Urlaub und Reisen in der Ratgeberreihe: „Praxis“.

All inclusive?
ISBN 3-89416-767-X

Fernreisen auf eigene Faust
ISBN 3-89416-770-X

Fliegen ohne Angst
ISBN 3-89416-754-8

GPS Outdoor-Navigation
ISBN 3-89416-762-9

Küstensegeln
ISBN 3-89416-766-1

Reisefotografie
ISBN 3-89416-772-6

Richtig Kartenlesen
ISBN 3-89416-753-x

Sonne, Wind und Reisewetter
ISBN 3-89416-769-6

Tauchen in warmen Gewässern
ISBN 3-89416-760-2

Wildnis-Küche
ISBN 3-89416-751-3

Winterwandern
ISBN 3-89416-761-0

Vulkane besteigen und erkunden
ISBN 3-89416-764-5

Jeder Titel:
144-160 Seiten, robuste Fadenheftung,
Taschenformat 10,5 x 17 cm,
Register und Griffmarken
Weitere Titel siehe Seite 122.

Praxis
Rainer Höh
GPS Outdoor-Navigation
Praxis
Wolfram Schwieder
Richtig Kartenlesen
Praxis
Küsten-segeln
Was Mitsegler wissen müssen
Praxis
Friederike Vogel
Sonne, Wind und Reisewetter
Praxis
Helmut Hermann
Reise-fotografie
Praxis
Klaus Becker
Tauchen in warmen Gewässern

Alle Reiseführer auf einen Blick

Reisehandbücher
Urlaubshandbücher
Reisesachbücher
Rad & Bike

Abenteuer
Weltumradlung
Afrika, Bike-Abenteuer
Afrika, Durch
Agadir, Marrakesch
und Südmarokko
Ägypten
Alaska ✈ Canada
Algerische Sahara
Amrum
Amsterdam
Andalusien
Äqua-Tour
Argentinien mit
Uruguay u. Paraguay
Äthiopien
Auf nach Asien!

Bahrain
Bali & Lombok
Bali, die Trauminsel
Bali: Ein Paradies
wird erfunden
Bangkok
Barbados
Barcelona
Berlin
Borkum
Botswana
Bretagne
Budapest
Bulgarien

Cabo Verde
Canadas großer
Westen mit Alaska
Canadas Osten,
Nordosten d. USA
Chile, Osterinseln
China Manual
Chinas Norden
Chinas Osten
Costa Brava
Costa de la Luz
Costa del Sol
Costa Rica
Cuba

Dalmatien
Dänemarks
Nordseeküste
Dominikan. Republik
Dubai, Emirat

Ecuador
und Galapagos
England – Der Süden
Erste Hilfe
unterwegs
Europa BikeBuch

Fehmarn
Föhr
Fuerteventura

Gardasee
Gomera
Gran Canaria
Großbritannien
Guatemala

Hamburg
Hawaii
Hollands
Nordseeinseln
Honduras
Hongkong,
Macau

Indien – Der Norden
Indien – Der Süden
Irland
Island
Israel, palästinen-
sische Gebiete,
Ostsinai
Istrien, Velebit

Jemen
Jordanien
Juist

Kairo, Luxor, Assuan
Kalifornien, Süd-
westen der USA
Kambodscha
Kamerun
Kanada ✈ Canada
Kapverdische Inseln
Kärnten
Kenia
Korfu, Ionische Inseln
Krakau, Warschau
Kreta
Kreuzfahrtführer

Ladakh
und Zanskar
Langeoog
Lanzarote
La Palma
Laos
Lateinamerika
BikeBuch
Libanon
Libyen
Litauen
Loire, Das Tal der
London

Madagaskar
Madeira
Madrid
Malaysia, Singapur,
Brunei
Mallorca

Reise Know-How

Mallorca, Reif für
Mallorca,
Wandern auf
Malta
Marokko
Mecklenburg/
Brandenburg:
Wasserwandern
Mecklenburg-
Vorpommern:
Binnenland
Mexiko
Mongolei
Motorradreisen
München
Myanmar

Namibia
Nepal
Neuseeland
BikeBuch
New Orleans
New York City
Norderney
Nordfriesische
Inseln
Nordseeküste
Niedersachsens
Nordseeküste
Schleswig-
Holstein
Nordseeinseln,
Deutsche
Nordspanien
Nordtirol
Normandie

Oman
Ostfriesische
Inseln
Ostseeküste
Mecklenburg-
Vorpommerns
Ostseeküste
Schleswig-
Holstein
Outdoor-Praxis

Panama
Panamericana,
Rad-Abenteuer
Paris
Peru, Bolivien
Phuket
Polens Norden
Prag
Provence
Pyrenäen

Qatar

Rajasthan
Rhodos
Rom
Rügen und
Hiddensee

Sächsische
Schweiz
Salzburger
Land
San Francisco
Sansibar
Sardinien
Schottland
Schwarzwald
– Norden
Schwarzwald
– Süden
Simbabwe
Singapur
Sizilien
Skandinavien
– Norden
Sporaden,
Nördliche
Sri Lanka
St. Lucia,
St. Vincent,
Grenada
Südafrika
Südnorwegen,
Lofoten
Sylt
Syrien

Taiwan
Tansania, Sansibar
Teneriffa
Thailand
Thailand – Tauch-
und Strandführer
Thailands Süden
Thüringer Wald
Tokyo
Toscana
Trinidad und Tobago
Tschechien
Tunesien
Tunesiens Küste

Umbrien
USA/Canada
USA/Canada BikeBuch
USA, Gastschüler
USA, Nordosten
USA – der Westen
USA – der Süden
USA – Südwesten,
Natur u. Wandern
USA – Südwesten,
Kalifornien,
Baja California
Usedom

Venezuela
Vereinigte Arab. Emirate
Vietnam

Welt im Sucher
Westafrika – Sahelländer
Westafrika – Küste
Wien
Wo es keinen
Arzt gibt

KulturSchock

Diese Reihe vermittelt dem Besucher einer fremden Kultur wichtiges Hintergrundwissen. **Themen** wie Alltagsleben, Tradition, richtiges Verhalten, Religion, Tabus, das Verhältnis von Frau und Mann, Stadt und Land werden nicht in Form eines völkerkundlichen Vortrages, sondern praxisnah behandelt.
Der **Zweck** der Bücher ist, den Kulturschock weitgehend abzumildern oder ihm gänzlich vorzubeugen. Damit die Begegnung unterschiedlicher Kulturen zu beidseitiger Bereicherung führt und nicht Vorurteile verfestigt.

13 Titel sind lieferbar, darunter

Rainer Krack
KulturSchock Indien
216 Seiten, reichlich illustriert

Monika Heyder
KulturSchock Vietnam
288 Seiten, reichlich illustriert

Rainer Krack
KulturSchock Thailand
240 Seiten, reichlich illustriert

Hanne Chen
KulturSchock China
264 Seiten, reichlich illustriert

REISE KNOW-HOW Verlag, Bielefeld

Register

K

L

M

N

O

P

R

Bildnachweis

Die Kürzel an den Abbildungen kennzeichnen die Bildquelle:
fl = Fruitline, gu = G. Urban (gu), np = Nilo Picayo, kw = K. Werner, pf = Photofruit, pw = Profil-Werbung, qp = Q. Pitoy, rh = der Autor.

Wir danken den genannten Firmen für ihre freundliche Genehmigung und Unterstützung.

062ef Abb.: rh

Der Autor

Roland Hanewald, Jahrgang 1942, brachte einen großen Teil seines Lebens in den Tropen zu, 25 Jahre allein auf den Philippinen. Mit tropischer Botanik beschäftigte er sich von Anfang an und entwickelte sich im Lauf der Zeit zu einem profunden Materiekenner, sowohl in der Theorie als auch in der Praxis. Der Autor gilt als ausgebuffter Survival-Spezialist und führte als solcher sogar Touren für das Marlboro-Abenteuerprogramm durch.

Getreu dem Motto, nichts unversucht zu lassen, bereicherte der Globetrotter nicht nur sein Wissensspektrum, sondern auch seine persönliche Lebensqualität. Denn immer wieder kam es zu Entdeckungen, die entweder dem Wissen von Naturvölkern entlehnt waren und in Vergessenheit zu geraten drohten oder die auch eigener Experimentierlust entsprangen und sich des Öfteren als äußerst nützlich erwiesen.

Der jetzt nahe der Nordsee lebende Autor ist heute Journalist und Schriftsteller und als Verfasser zahlreicher Sachbücher und Zeitschriftenartikel in über 30 Ländern bekannt. Im Reise Know-How Verlag erschienen von ihm unter anderem Reiseführer über die Nordseeinseln und -küsten sowie diverse Sprachführer.